多元文化背景下的幼儿园
园本课程理论与实践研究

黄翠华 ◎ 著

中国纺织出版社有限公司

内 容 提 要

　　幼儿园是接受教育的起始阶段，对幼儿的未来学习和生活发展有着重要影响。幼儿园园本课程是基于本地、本园特色而制定的特色化、个性化课程，全书基于多元文化视角对幼儿园园本课程的内涵、理论基础、内容构建、幼儿园园本课程实施与评价、幼儿教师的专业发展以及幼儿园主题活动进行了深入研究。本书理论联系实际，采取图文并茂的形式，为读者详细介绍了多元文化背景下幼儿园园本课程的相关理论与实践，可供广大幼教工作者阅读与参考。

图书在版编目（CIP）数据

多元文化背景下的幼儿园园本课程理论与实践研究 / 黄翠华著 . -- 北京：中国纺织出版社有限公司，2025.
7. -- ISBN 978-7-5229-2637-7

Ⅰ. G612

中国国家版本馆 CIP 数据核字第 2025PM0182 号

责任编辑：郭　婷　吴宇晴　　　责任校对：王蕙莹
责任印制：储志伟

中国纺织出版社有限公司出版发行
地址：北京市朝阳区百子湾东里 A407 号楼　邮政编码：100124
销售电话：010—67004422　传真：010—87155801
http://www.c-textilep.com
中国纺织出版社天猫旗舰店
官方微博 http://weibo.com/2119887771
河北延风印务有限公司印刷　各地新华书店经销
2025 年 7 月第 1 版第 1 次印刷
开本：710×1000　1/16　印张：12.5
字数：217 千字　定价：98.00 元

凡购本书，如有缺页、倒页、脱页，由本社图书营销中心调换

学前教育作为国家教育体系中不可或缺的重要部分，不仅关系着学前幼儿的身心健康与全面发展，也关系着民生幸福及社会进步。学前教育是儿童早期的发展时期，同时也是他们开始离开家庭的标志。在这个关键时期，学前教育对儿童的未来起着至关重要的作用。学前教育的目的主要是为即将进入小学的儿童打下坚实的基础，因为他们在这一阶段仍以感官认知为主，未接触过正规的教育环境。因此，学前教育的主要任务是推动他们的身体和心理发育，挖掘潜能，并引导儿童建立正确的价值观和生活方式，从而为未来的长期学习及整个人生做好准备。学前教育作为儿童的第一段正式教育经历，无论是在培养良好行为习惯、确立正确观念，还是在保持身体健康方面，都具有其他任何教育阶段无法比拟的重要性。

自21世纪起，城市持续发展，居民对教育的需求也随之增长，社会对于学前教育的供应数量和质量的重视程度也在逐渐提高。我国对幼儿教育十分关注，这为学前教育工作提供了良好的政策环境，有助于持续提升学前教育的教学质量。

幼儿教育是儿童教育的初始阶段，对于孩子未来的学业和成长具有深远影响。幼儿园园本课程是基于本地、本园特色而制定的特色化、个性化课程，全书基于多元文化视角对幼儿园园本课程的内涵、理论基础、内容构建、幼儿园园本课程的实施与评估、幼儿教师的专业发展以及幼儿园主题活动等内容进行了深入研究。

全书共分为七个章节，第一章为幼儿园园本课程概述，阐述了幼儿园园本课程的内涵、特征与功能、开发的理论基础；第二章为多元文化与园本课程开发价值，概述了多元文化，分析了多元文化的教育价值与多元文化的园本课程开发价值；第三章研究了幼儿园园本课程的内容与组织，包括幼儿园园本课程内容概述、园本课程内容的选择、园本课程内容的组织以及基于多元文化的园本课程开发；第四章为幼儿园园本课程实施，通过园本课程四大内容的建构、五大载体的搭建及十大策略的实施，详细讲解了幼儿园园本课程教研模式的形成；第五章为幼儿园园本课程评估，包括幼儿园园本课程评估概述、评估的基本要素和评估的过程；第六章阐述了幼儿园园本课程中教师的专业发展，包括园本课程中幼儿教师的角色定位、影响幼儿教师参与园本课程开发的因素、园本课程开发对幼儿教师专业发展的价值分析、园本课程中幼儿教师专业发展规划与路径；第七章为基于多元文化的幼儿园主题活动，包括幼儿园主题活动概述、主题活动的设计以及主题活动的实施。

  本书理论联系实践，采取图文并茂的形式，为读者详细介绍了多元文化背景下幼儿园园本课程的相关理论与实践，因此，本书具有较高的出版价值。本书可作为学前教育专业的教材，也可作为幼儿园教师继续教育的教材使用，并可供广大幼教工作者阅读与参考。

  由于时间仓促和笔者的水平有限，书中难免存在的不足之处，诚望广大读者批评指正。

黄翠华

2024 年 8 月

目 录

第一章 幼儿园园本课程概述 ··· **1**
　第一节　幼儿园园本课程的内涵 ·· 2
　第二节　幼儿园园本课程的特征与功能 ·· 4
　第三节　幼儿园园本课程开发的理论基础 ······································ 5

第二章 多元文化与园本课程开发价值 ··· **31**
　第一节　多元文化概述 ·· 32
　第二节　多元文化的教育价值分析 ··· 47
　第三节　多元文化的园本课程开发价值 ·· 57

第三章 幼儿园园本课程内容与组织 ·· **59**
　第一节　幼儿园园本课程内容概述 ··· 60
　第二节　幼儿园园本课程内容的选择 ··· 68
　第三节　幼儿园园本课程内容的组织 ··· 74
　第四节　基于多元文化的园本课程开发 ·· 79

第四章 幼儿园园本课程实施 ·· **82**
　第一节　建构主题式课程四大内容 ··· 83
　第二节　搭建主题式课程五大载体 ··· 90
　第三节　实施主题式课程十大方法 ··· 95
　第四节　形成主题式课程教研模式 ··· 97
　第五节　幼儿园主题活动实践经验选编 ······································· 101

第五章　幼儿园园本课程评估 ······108
第一节　幼儿园园本课程评估概述 ······109
第二节　幼儿园园本课程评估的基本要素 ······115
第三节　幼儿园园本课程评估的过程 ······120

第六章　幼儿园园本课程中教师的专业发展 ······124
第一节　园本课程中幼儿教师的角色定位 ······125
第二节　影响幼儿教师参与园本课程开发的因素 ······145
第三节　园本课程开发对幼儿教师专业发展的价值分析 ······160
第四节　园本课程中幼儿教师专业发展规划与路径 ······163

第七章　基于多元文化的幼儿园主题活动 ······170
第一节　幼儿园主题活动概述 ······171
第二节　幼儿园主题活动的设计 ······176
第三节　幼儿园主题活动的实施 ······183

参考文献 ······190

第一章

幼儿园园本课程概述

第一节　幼儿园园本课程的内涵

"园本课程"一词虽在幼儿教育领域得到广泛使用,但是很多人对这个概念的理解还比较模糊,如把园本课程误认为是幼儿园的特殊教学内容,将园本课程的研发看成是幼儿园教材的编撰,甚至认为只有非常好的幼儿园才有园本课程。这些狭隘的或者是错误的认知引发了一系列关于园本课程开发与实际运用的问题,如过于注重所谓的特色课程,而忽略了选定课程需要与幼儿园适配;过分强调园本教材的重要性,而忽略了园本课程开发的核心目标应该是幼儿的成长发展;对开发园本课程持消极观望心态,使得园本课程的开发进程停滞不前。因此,为了有效构建园本课程,必须深入了解和认识园本课程。

"园本课程"是在对"校本课程"研究的基础上发展而来的,因此要深入理解"园本课程"的内涵,首先就需要理解"校本课程"的内涵。

一、什么是校本课程

"校本"的英文是 school-based,根据《新英汉词典(增补本)》,base 主要的意思包括基础、基地;而"本"在《新华字典》里面则被定义为草木的根或者茎,也可指事物的根本、根源。综合考虑中英文,可以得出"校本"就是"以学校作为基础和参考点"。

在《走向"校本"》一文中,作者郑金洲进行了这样的阐述:校本,首先是针对学校本身的需求;其次,它存在于学校内部;最后,它是根据学校的实际情况而设立的。他强调了三方面的重要性:第一,要关注并改善学校的实践活动,以便解决学校的实际问题;第二,要认识到学校的问题应该由学校的工作人员(包括校长、教师等)通过集体讨论与分析后加以解决;第三,学校里面开设的各种课程、培训、教学实践等,必须符合学校的现实情况,并且能够充分发挥学校的潜能,最大化地利用现有资源,从而推动学校的进步与发展。

《校本课程:理念·特点·策略》一文中王铁军提出,校本课程是在我国教学大纲规定的范围内,作为国家和地区规定的教科书的一种补充形式而存在的教学方式,它是在学生的需求驱动下,由学校自主研发的可以由学生选择的多种课程。另外，也有一些专家解释说，"校本"意味着"从学校出发"或者"以学校为基础"。校本课程就是以学校为本位、为基础的课程，即在教育思想的指导下，以学校自身条件为准绳来制定符合本校学生个性特点和学习特色的课程。

二、什么是园本课程

根据虞永平的研究观点，"园本课程"是基于幼儿园的基础构建的教学内容，或者是由幼儿园的实际情况衍生出来的教学方案。在定义中，"本"代表基本元素、现况、环境、实行和可行性等描述幼儿园当前状况的关键要素。所以，所谓的"园本课程"是依据幼儿园的现有情况发展起来的，并与其园内的教育资源、教师团队等相关条件保持协调的一系列课程。

根据校本课程的内涵，我们认为，园本课程是以国家和地方课程政策为指导，以幼儿园为基地，立足本园和本地实际，切实考虑本园的教育理念、条件、现状等因素，以支持、满足和促进本园幼儿发展为根本，由园长、教师、课程专家、幼儿、家长及社区人士共同参与，充分利用与开发园内外各种课程资源，经过对课程的选择、重组、整合或开发而形成的具有本园特点的课程体系，是对本园课程局部或整体开发的结果。

其深入揭示了三个方面的含义：为了幼儿园，在幼儿园中，要基于幼儿园。

"为了幼儿园"指的是针对幼儿园所面临的一系列挑战，要优化幼儿园的办园流程以提高幼儿园的教育质量。"在幼儿园中"强调幼儿园内部的人员（包括园长、教师、保育员等）才能解决幼儿园中的问题，外部的力量没有办法取代他们的作用。"基于幼儿园"意味着幼儿园组织的各种培训、开展的研究项目以及设计的学习内容都应该全面考虑、发掘并且运用现有的资源和环境。

因此，园本课程是幼儿园自主研发并执行的课程形式，是跟国家课程、地方课程相对而言的，是为满足幼儿园、儿童、教职员工的需求而设置的。这种教育模式立足于幼儿园及其所在地区的具体情况，尤其要考虑对课程资源的持续开发、利用和不断优化。此外，还需要强调园本课程的独特性，并保证其与国家和地方的课程标准保持一致。

第二节 幼儿园园本课程的特征与功能

园本课程有其自身独有的特征，具体表现在课程权限、管理方式、内容设计以及课程执行等各个环节。

一、在课程权限方面，园本课程拥有独立性

我国三级课程管理制度体现了课程的决策权，在国家、地方和学校三个层面进行分配，而园本课程的出现便是课程权力再分配下的产物。因此，幼儿园课程的决策制定、内容选择、实施和评价都是以幼儿园为中心，幼儿园具有绝对的自主选择权和决策权。同时，幼儿教师的地位也发生了转变：由过去的被动接受教学计划与方案转变为现在的主动制定教学计划与方案，成为课程制定的决策者，这种转变源于角色权利的保障以及专业的认可。所以，园本课程能够有效解决过去教材与实际应用不对称的问题，也能够充分运用幼儿园、社会其他相关机构提供的各种丰富的素材来丰富幼儿的课程教学，更好地服务于幼儿的个性需求，从而减少教学计划与方案和实施之间的差距，有助于构建更加合理的课程结构。

二、在课程管理方面，园本课程展现出民主性

在课程管理上，园本课程摒弃了"自上而下"的教育策略，让更多的角色加入课程的决策过程中。园本课程并非来自外部，而是幼儿园内部逐渐发展出来的教学内容。在构建园本课程的过程中，除了教师付出的努力，其他的参与者，如园长、保育员、幼儿、幼儿父母、课程研究者及社区内的相关人士等也都付出了努力。因此，这种多元主体的参与体现了园本课程的民主性。课程能够广泛采纳各种观点和意见，有效整合了各类资源，实现更好的教育教学成果。

三、在内容设计上，园本课程展现出开放性

在课程内容的选择上，园本课程不应该只限于主要文化，应融入幼儿的生

活经验及需求、教师的关注点、学校的环境以及当地的文化。这不仅是一种教学计划，更是一个逐渐优化的过程。幼儿园的教育基础、现况以及资源会随着课程研究进程不断变化，因此，幼儿园的课程也需要适应这些变动。园本课程的内容并非固定不变的，它可以根据幼儿园的发展状况做出相应的调整，具有开放性。

四、在课程执行上，园本课程具有创新性

园本课程突破了对于固定课程模式的依赖，提倡变革而不是单向传递，鼓励创新而不是单纯地模仿，主张教育内容应该随着社会的进步、历史的演进以及环境的改变而变化，通过持续的交流和反馈来实现自我完善。因此，园本课程具有过程性、动态性、创造性和成长性的特点。它涉及对各类教育资源的深入挖掘和有效利用，是一个逐步构建和不断完善的过程，同时也是一个不断强化幼儿园课程特色、凸显幼儿园个性的过程。

第三节 幼儿园园本课程开发的理论基础

课程开发的基础，包括课程规划、教学设计、教学内容的选择、课堂执行和课程评估，这些内容构成了课程构建的关键要素。幼儿园园本课程的开发，必须符合教育教学发展的方向，并且与各个学科产生一定的关联性，为此，便出现了幼儿园园本课程开发的基础，即马克思主义哲学、心理学、学前教育学和社会文化学。这些内容既构成了幼儿园园本课程开发的重要基石，同时也揭示了园本课程存在的必要性和施行的可行性。

一、马克思主义哲学是幼儿园园本课程开发的基础

每门科学理论体系都有其内在的哲学根基，这个哲学根基的中心就是对人类及其与自然界及他人之间的基本观点。

（一）开发幼儿园园本课程的目的是增强孩子的自我主导能力

从人类诞生以来，就开始了对自身本质的探索，人类总是无法确定自身的

属性及定位，却也从未停下解开古希腊哲学家提出的谜题：人是什么？从哲学的视角来看，园本课程的核心目标在于帮助幼儿深入理解和内化人类的本质，满足他们的成长需要；同时，通过吸收人类的基本美德和优秀品质，实现与自然、社会和自我的和谐共生，使幼儿能够享有真正自由和幸福的生活。当前，幼儿园课程面临困境的原因表现在三个层面的疏离：教学内容与自然的疏离、与社会的疏离以及与受教育者个人体验的疏离。开发园本课程的最终目的，是对人的"终极关怀"，旨在培养全面发展的人，包括其自然性、社会性和自主性。

1. 人的不确定性

人的不可预测性主要体现在其生物结构中的"未成熟"与社会本质中的"未完成"特征。现代科技揭示了人体发育不完全这一事实，这对理解人有独特的价值。我们可以认为，人类始终无法达到成年的状态，人类的存在是持续不断地自我提升和学习的过程。人类和其他生物的主要区别就在于人类的未完成性。正是这种人类的不确定性，反倒赋予了人们不断成长的可能性，是全方位发展的基础和先决条件，因此，人类必须对世界保持开放的心态，充分发挥自己的潜能。这种不确定性给人类社会带来了物资、资讯和动力，使之能够源远流长并且充满生命活力。

2. 主体的历史生成性

在研究人类本质的过程中，马克思揭示出人不是单个人所固有的抽象物，在其现实性上，它是一切社会关系的总和。在《1844年经济学哲学手稿》中马克思是这样表述人的本质："动物和自己的生命活动是直接同一的。动物不把自己同自己的生命活动区别开来。它就是自己的生命活动。人则使自己的生命活动本身变成自己意志的和自己意识的对象。他的生命活动是有意识的。这不是人与之直接融为一体的那种规定性。有意识的生命活动把人同动物的生命活动直接区别开来。正是由于这一点，人才是类存在物。"在此处，马克思认为"有意识的生命活动"构成了人类的核心本质。他还补充道，"人的依赖关系（起初完全是自然发生的），是最初的社会形态，在这种形态中，人的生产能力只是在狭隘的范围内和孤立的地点上发展着。以物的依赖性为基础的人的独立性，是第二大形态，在这种形态下，才形成普遍的社会物质变换，全面的关系，多方面的需求以及全面的能力的体系。建立在个人全面发展和他们共同的社会生产能力成为他们的社会财富这一基础上的自由个性，是第三个阶段"。在《关于费尔巴哈的提纲》中,马克思批判了"类本质"这一概念,并提出一个新的观点,即"人的本质不是单个人所固有的抽象物,在其现实性上,它是一切社会关系的总和"。将人的本质定义为社会关系,突出了人的本质具有历史性,即在个人生活的历史进程中逐步形成,总是随着个人的具体生存方式的改变而改变。依据马克思对人的发展阶段的论述,作为主体的人,是社会历史的产物,人的个体生命作为全部人类历史的第一个前提,从本质上规定了个人是人类发展的最终目的,自由自觉的活动是人的主体性的存在方式,人以主体的方式来对待自己的活动和世界,"人始终是主体",因此,主体性是人的本质属性。幼儿园园本课程就是要使幼儿获得并不断提升其主体性。主体性指的是"作为现实活动主体的人为达到为我的目的而在对象活动中表现出来的把握、改造、规范、支配客体和表现自身的能动性"。人的主体精神是时代精神的核心内容,教育的目的是对教育所要培养的人的质量规格的设计,是对教育应该造就什么样的人的具体规定,是一定社会、一定时代的教育实践所追求的教育理想和蓝图。园本课程开发旨在培养儿童自主管理自然、社区和社会的能力,这就需要促进幼儿主体性的发展。

美国促进科学协会在1989年提出的《普及科学——美国2061计划》中指出,教育的最高目标是要使人们能够达到自我实现和过负责任的生活。1996年,日本第15届中央教育审议会在《面向21世纪我国教育的发展方向——让孩子拥有"生存能力"和"轻松宽裕"》的咨询报告中,确定了今后日本教育的发展方向,即在"轻松宽裕"的教育环境中培养孩子们在未来社会中的"生存能力",培养具有丰富人性、正义感和公正心,能够自律,善于与他人协调和替他人着想,尊重人权,热爱自然的青少年。国际21世纪教育委员会向联合国教科文组织提交的报告《教育——财富蕴藏其中》提出,为应对21世纪的挑战,必须重新定义教育的目的,必须转变公众对于教育功能的理解。扩展后的教育理念倡导让每个人都发掘、利用和强化自身的创新潜能,同时也希望能激发我们在每个人的身上找到被掩盖的财富。教育应该是基于四个核心学习领域来展开,包括认识世界、实践操作、共处协作和生活生存技巧。综合上述内容,培养幼儿的独立人格具有非常紧迫的现实意义。在我国,由于长达两千多年封建思想的影响,无论是家庭教育还是学校教育,都存在着压抑幼儿个性发展的问题。这种思想一直到今天的教育中还以不同的方式在发生着影响。在幼儿园教育中,表现为注重知识传授,忽视幼儿个性与能力的培养,忽视人文精神的熏陶，教师讲得多；幼儿被动接受知识；在教学过程中，师生交往缺乏民主等。

（二）开发幼儿园园本课程的目标是促进幼儿和谐成长

关于人类本性的讨论，始终是一个争议最多且涵盖范围最广的话题。这个话题在中国有着几千年的历史，从未停歇地辩论着。基于"为政在人"的政治理念，孔子倡导通过教育塑造出优秀的领导人才和社会精英，最终目标是培养出有道德、有政治管理才能的人。他相信这样才能把混乱的世界转变成为有序和谐的社会环境。因此，他强调"君子去仁，恶乎成名？君子无终食之间违仁，造次必于是，颠沛必于是。"这表明，在他眼中，拥有完整的个人品质才是真正的贵族精神所在。此外，他也提出了"知者不惑，仁者不忧，勇者不惧。"这里的"知"指的是聪明，包括高超的理解力，而它的关键则是了解人们之间的伦理关系，也就是"知礼"。一旦掌握了这一点，就能更好地实践"仁"。"勇"则代表勇气，表现为敢于挺身而出，捍卫正义的行为。所以，"仁者必有勇。""知"和"勇"都源于"仁"，这是"仁者"必须拥有的品质。同时，孔子也强调了"君子不器"这一观点，意味着君子应当具有多种才能而不只是单一功能。总而言之，孔子心目中的理想人物应该是那些既拥有道德，又富有智慧、勇敢无畏且技艺高超的人。对于成人及士阶层的要求，孔子也有许多相关言论，然而其核心思想仍旧接近他对君子的期望，至于圣人则代表着孔子心中最为完美的个人形象，是那个时代仁礼文明的创始者，由于普通人很难达到这个高度，因此他的培育目标并非让所有人都成为圣人。

"性善论"是孟子提出的观点，其主要意思是强调人天生就具有善良的一面，而非邪恶。与此相反，荀子提出的是"性恶论"，对人类本质的好坏不做任何判断。自先秦以来，哲学家继承了众多学派的思考方式，他们从人际关系的角度探讨人的本性，但研究结果往往囿于"人性本善"与"人性本恶"的辩论之中。

对于这个问题，无论是西方还是东方，都有人进行了深入的研究与讨论。这些研究涉及哲学、道德、艺术、神学、政治、历史、教育等多个领域。自古以来，许多思想家都在探究人性的问题，包括苏格拉底、蒙田及帕斯卡等，他们的目的是要揭露在理解人性时产生的困惑、冲突、错误等。当人们逐渐意识到历史的发展变化和人文的多元化时，人性的定义也开始变得模糊不清且易变。人性是人区别于动物的特性。它通常会透过每个时代个体的行为方式体现出来。马克思所强调的核心观念并非社会或者文化的视角，而是作为一个种群的存在者，并没有将人和自然割裂开来对待。也就是说，自然就是人文学科的研究对象，并且人是自然的最初对象。马克思和恩格斯试图将人类融入"自然辩证法"的观点，来强调人类同时具备自然的存在方式和社会的存在方式，并拥有两种性质：其一为自然的特性，其二是社会的特质。人类的发展依赖于他们的自然本质，但这并不单取决于他们的人类本能或智慧，也受他们的社会特征所影响。

人类通过参与生产劳动，不仅改变了世界，也重塑了自我，这体现了人的主体性。正是这种主体性，使得人在与自然的互动、社会的交流以及自我的反思中占据核心地位。它使人类能掌握命运，成为自由的个体，塑造人类历史，形成传统，构建社会。根据马克思主义哲学的观点，人被看作是劳动的主体，是历史的推动者。人的核心特质，从根本上讲，就是人的主体性。

人类独有的精神特性使得他们区别于其他生物种类。人不仅仅是以物质形式存在的实体，更是以思想为基础的生活方式的主体。"人心与人生无二也"，人的生存过程是从自然的生理状态向更高层次的心灵境界转变的过程，这种转变让他们的生活中充满了目标导向性和创新力。从辩证唯物主义的视角来看，首先，人是主动地去感知并挑选自己感兴趣的事件及事物；其次，人的价值观决定了其行为方向的选择；最后，个体拥有独立思考能力且能意识到自身的存在。人作为精神的存在物，能够使自身在内的一切都成为其认识对象，使人获得人的精神。精神一词涵盖了一系列内容：关于事物的合理推断（即逻辑）外加一些特殊的直接体验感受（如善意、爱情等）；同时也涉及各种情绪反应，例如恐惧、喜悦和悲伤。总之，由于具备独特的智力和心理功能，人才有可能接触更为广阔的外部环境，并做出相应的调整以便更好地融入这个世界之中。人所面临的世界本质是人文世界，是一个生生不息的、历史的、文化的社会生活世界，在这个世界中，人与历史、与文化、与社会进行交往，人获得了人之为人的精神。从诞生那一刻起，个体并未拥有完整的道德品质，尤其是卓越的品格，而是仅有塑造这些特质的可能性。教育的目的是使个体在共享的社会环境中构建出"社会的个体"，并以此为人之成长负责。教育被视为一项人类学的现象，因为它是人类自我复制的方式之一。唯有经过教育，人才能够真正地变成人，而这一过程往往发生在特定的生活背景下。幼儿园课程的发展目标在于把优秀的道德品质融入每个幼儿的心灵深处，从而达到对日常生活和科学知识的融合，增强幼儿的主体地位。

二、心理学基础是园本课程开发的理论基础

心理学原理对于设定教育目的、选择教学材料和安排顺序起到了关键作用，同时也是课程实施和评估教学效果的重要参考。纵观历史演进，不同的心理原理决定了不同类型的课程目标和课程体系构建方式。所以，心理学的研究结果是园本课程开发的理论基石。

（一）认知发展理论

根据皮亚杰的研究观点，幼儿的智力发育主要依靠其认知结构的持续构建与转变。这些结构不是天生的或者是预设好的，每个架构都经历了一个形成的过程，它们都是由一个个部分逐渐搭建而成。所有的这类建设活动都是基于之前的架构进行的，这些活动最终需要从生物学的角度进行深入研究。人类的所有知识不仅是对客观世界的适应，同时也会融入主观意识中，知识本质上既非源自客体，也非源自主体，而是主体与客体之间不可分割的相互作用的结果。个体的成长既依赖于生物学上的成熟，也依赖于主体的经验积累。主体通过对外部世界的互动以及由此获得的反馈，构建起对现实世界日益深入的理解。

1. 儿童是主动的学习者

生命的演化是一个从基本形式到高级形式的持续创新过程，也是生物体和周围环境之间达成多种变化并推动其前进的均衡发展历程。人类的理解力或者智慧，是生命的一种表现形式，它实际上是适应性的一种体现。根据大量关于儿童思考活动的观测和实验，皮亚杰提出了关于幼儿认知发展的阶段理论（表1-1）。

表1-1　幼儿认知发展的阶段

期别	年龄	基模功能特征
感知动作期	0～2岁	凭感觉与动作以发挥其基模功能； 由本能性的反射动作到目的性的活动； 对物体认识具有恒存性概念
前运算期	2～7岁	能使用语言表达概念，但有自我中心倾向； 能使用符号代表实物； 能思维但不合逻辑，不能见及事物的全面

续表

期别	年龄	基模功能特征
具体运算期	7～11岁	能根据具体经验思维来解决问题； 能理解可逆性的道理； 能理解守恒的道理
形式运算期	11岁以上	能进行抽象思维； 能按假设验证的科学法则思考问题

皮亚杰主张，思考始于行动，而行动则是思考的基础。他在著作《儿童认识论》一书中指出，感知运动阶段使得孩子获得了实用的智慧，即行动的逻辑。初期的行为表现出于本能反应，并无任何智能成分。然而，这种原始的行为模式必须经过转变才能成为有智慧的表现形式，最终转化为可以逆转的操作方式（运算），这是一个逐步演变的过程。在这个成长过程中，应该积极利用幼儿的身体能力来促进他们的智商发育，这是他们获取新知的必要途径，因为缺乏行动就意味着无法触及外界环境。关于学习与进步的关系问题，一直是发展心理学家和教育心理学研究者的关注焦点，皮亚杰对此发表如下看法："关于学习能否加速儿童认知发展的问题，其关键在于学习活动是在成人教导下儿童被动地学习知识，还是儿童在其生活情境中自行探索主动求知。教育的真正目的不是教给幼儿知识，而是设置充满智慧刺激的环境，让儿童自行探索，主动学到知识。如果在发展尚未达到适当水平之前提前教授知识，将会对儿童自行探索、主动求知的行为产生不利影响。"由此可见，皮亚杰否定了传统的知识观，强调学习应以个体的发展程度为准绳，并且知识是主客体互动的结果，主体通过自身的行动，对客体施加影响力，从而实现主客体之间互相作用。首先，个体需要调整自身的运动模式，其次，要把外部环境整合到一起，构建出各元素间的关联，这种双重操作过程互为依存，唯有借助行动才能实现这些联系。主体获取知识的过程正是基于其自身认知体系和外界认知体系的一致性。所谓自主学习，就是学生自觉去学，而不是被动地接受教师的指导或者传授，同时也包含学生的创新式学习行为。

2. 儿童主动地探究事物

幼儿对世界的理解主要来自他们的亲身体验，如通过触碰、观察、嗅闻、品尝、聆听、抓握、抬举、抛掷、揉捏、切割等方式探索物体的属性。两位卓越的教育心理学家——维果茨基与皮亚杰的研究为我们提供了一个深度了解儿童思维发展的珍贵角度。他们的共同看法是：儿童的思维过程并不始于学校生活，而是早在学龄前期就已经开始了。根据维果茨基的理论，儿童的思维具有广泛接受性和融合性，能够在早期就吸取并综合来自外部世界的各类信息。然而，皮亚杰却主张儿童的思维更为自私化，也就是说他们在考虑问题的时候往往是以自身的感受为主导。尽管两位学者在描述幼儿思维特点时使用的术语不同，但是他们所指的幼儿思维发展的关键时期却是一致的。

3. 儿童通过实践和知识积累探寻事物之间的联系

知识是一个不断发展和变化的体系。如果从发生学的角度来审视，可以发现知识的形成主要通过两种途径：一是来源于实践的经验知识；二是通过逻辑推理和抽象思维构建的理论知识。经验知识作为认识世界的基础，为理论的构建提供了基础，而理论知识则进一步深化和拓展了人们对世界的理解。

人类获取的知识主要分为两类：一类为经验知识，人通过五感和认知在社交环境中的直接或间接互动；二类为理论知识，它是基于前者，经由逻辑推演得出的关于事物的根本特性和规律的系统性科学知识。正如《实践论》里所阐述的，第一步是初次触及外部事物，这是感觉层面的活动，第二步是整合各种感受信息并对之加工改良，即概念、判断和推理的过程。唯有感觉资料足够丰富且贴近现实，才可能构建起正确无误的概念和理论。就儿童而言，他们的学习方式在于亲自参与到活动中，对获得的丰富经验进行总结和提炼。幼儿并不是依赖记忆力来掌握事物及其关联，而是通过持续的物质互动，包括多次的操控和思索，从而领会、体会。随着幼儿成长，他们在逐步适应周边的环境和积极探寻的过程中，热衷于组合各类物品，如将小物件放入大型容器内，或者将锅、碟、筷子、勺子、杯子等串联起来。在这个过程中，他们会渐渐明白各个物体之间的联系，这种连接的方式成为他们构建内心的重要手段。对于成年人而言，因为已经成年，所以他们很清楚诸如大小、重量、高低、方向等物体之间存在的种种关系。但是，对于幼儿来说，这一切还处于摸索阶段，他们需要时间去发掘这些关系，并在其中找到自己的定位。

在自然领域，幼儿所接触的环境和他们所观察到的事物之间联系广泛，涵盖了物质与材料、生命及其发展过程、地球与宇宙等众多方面。这些体验为幼儿提供了对自然界的基本认识和理解。在社会领域，幼儿的认知发展与社会环境紧密相连，包括对自我的认识、家庭的理解、幼儿园的互动、社区的参与、国家的认同和对世界的认识。通过这些互动，幼儿逐渐建立起对周围社会结构和文化的知识框架。

通过上述分析可以发现，皮亚杰的认知发展理论为幼儿园课程设计提供了丰富的指导。儿童在与环境交互中获得的知识是他们思考成长的关键。皮亚杰的研究成果不仅帮助人们科学地理解幼儿的认知发展过程，还为幼儿教育提供了坚实的理论基础。此外，这一理论还有助于消除那些在教育实践中仍然存在的、过时的育成观念，推动教育实践向更加科学和人性化的方向发展。

（二）人本主义学习理论

20世纪50～60年代，美国兴起了一个重要的心理学流派——人本主义心理学，主要代表人物有马斯洛、罗杰斯等。作为一种新兴理论学派，因诞生于行为主义及精神分析心理学后期，因此也常被称作现代心理学的"第三势力"。人本主义心理学自出现以来就一直批评行为主义将人和兽类同等对待的局限方式，批判精神分析心理学只注重人的"病态"方面而无视人的伟大力量和优良品质，具有片面性，批判认知心理学重视人的认知结构却忽视人的情感、动机、需求等心理内层空间对学习的影响。根据他们的观点来看，真正的心理学应该专注于探究完全健康且完整的个人的特性、潜力、生活阅历和社会角色等方面的内容。换句话说，就是主张以人为中心来开展相关课题的探索，并且坚信人天生具有善良的一面。只要个人能够充分发挥自身的本质特征，并对世界有所了解，就能逐渐成长为有责任感的公民或职业人士，相反，若人的个性发展的过程受到阻碍，或者个人的基本欲望没有获得充分保障，那么就可能导致道德败坏。而且这种内心的渴望其实也是我们每个人所固有的人格基础。在此思想指导下，亚伯拉罕·哈罗德·马斯洛提出了著名的"马斯洛需求层次理论"，从低到高的七个层级分别为：①生理需求；②安全需求；③归属和爱的需求；④尊重需求；⑤认知需求；⑥审美需求；⑦自我实现需求。各种需求紧密相连且呈逐步增强的发展趋势，唯有先满足低级别的需求后，高级别需求才能被视为重要的生命目标，引导人们进入人性制高点——人类价值观的生活或者精神世界，也就是真正实现自己的存在。这与人本主义教育理念的基本观点相符：每个个体就像一粒种子，只要提供适宜的环境就能生长发育、茁壮成长直至结出果实。每个人的内心都有着自我实现的能力，所以，"人"的学习应该是一个自然的过程、独立的行为、富有深意的方式,是从个人视角去理解的教育,是有个性化含义和价值的教育。真实的学识体验可以让人们找到自己独有的特质,认识到自己的独特身份。

1. 突出学习者主体地位的学习

人的主体性是作为社会主体的人在社会实践中所表现出的一种根本特性,学习者的主体性则是其在学习活动中所表现出的自主性、主观能动性以及创造性。然而,传统的教学模式往往忽略了这些重要的元素:它认为学习是一个从外界接收信息并将其转化为自身理解的机械化过程,这个单调无趣且缺乏个性的教育模式极大地抑制了个体内驱力和创意的发展。对于受众而言,被动式吸收的信息并没有太多实际含义可言,只是一种针对特定情况做出片段式回应行为。基于此观点,人文学科的研究人员强烈反对外界强加的教育观念,拒绝将学生看作"小白鼠"或者"较慢的电子计算器"。他们认为应该尊重每个人的内在本质及其独特的价值观和人格魅力,以人为中心开展教育教学工作,让每个孩子都能够被视为拥有思考能力和感受能力的个体。真正的学习并非以简单粗暴的方式灌输或是直接复制他人的成果,而是通过个人的领悟、经历去探寻真理的过程,是对未知领域勇敢挑战的精神体现,更是激发孩子自身的潜力从而完成"自我成长"的历程。按照人本主义学习理论的主张,学习不是靠外部环境的影响,而是靠内心深处的渴望自发形成,而教育的目的在于培养孩子的自觉性和自律意识,以便更好地适应未来多变的社会形势。

2. 融合情感与认知的学习

人本主义学习理论认为,教育的目标不仅仅在于传授知识或技能,应当是一个包容认知、情感、意志等多方面精神活动的过程。通过深入了解学习者内心世界的情感和意志过程,进行沟通、体验、交流、理解,让学习过程充满生机和活力,而非将学习者置于缺乏生命力的冰冷世界,忽略他们内心所包含的感觉、思维、想象、关怀及信仰。学习不应该是单纯的信息处理,而应该融合学习者的情感和认知,使之融为一体。因此,在人本主义学习理论中,情感和认知不可分割,学习过程中要注重儿童的情感体验以及在数学、阅读等方面的指导,全面发展学生的知识、情感和意志,培养其健全人格。

3. 强调自我发展、自我实现的学习

根据人本主义心理学理论,人的内在都拥有卓越的自我实现潜力。因此,教育的全过程及学习活动实际上是师生间的互动交流、互相理解,并在此过程中促进个人成长、提升自我。从学生的角度看，学习本身是一种涉及生命的行动，它不仅仅包括认知体系的构建、认识能力的增强、知识的积累以及感情的充实，还包含持续探寻未知领域的勇气，充分发挥个人能力以突破自我局限，最终实现自我的存在价值和尊严。罗杰斯曾经提出，人性之根本变革在于人们内心深处巨大的潜在力量，当提供了适当的环境时，这些力量便可以得到充分利用。这表明，一旦有了合适的教学氛围，隐藏于个体内心的强大动力就能够转化为学习者的主动性和自我驱动的源泉，助力他们的个性化成长和自我成就。

基于人性视角的学习观念建立在对其深入的理解与研究上，其核心价值观为"以人为本"，关注个体的选择及自主权，看中学习的内在含义而非外显结果，坚信个体的全面发展是最大化地发挥个人潜力，并在不断进化的过程中达到自身的完美境界。尽管这一观点是从学生的角度来阐述的，但是它并没有完全认同传统的教学模式，而是认为单纯地教授知识是毫无意义的，也可能是有害的。理想的教育环境应该由教师充当孩子发展的推动力、伙伴关系中的协作方、激励因素，并且愿意倾听他们的声音。然而，这个想法也存在问题：它削弱了教师的指导作用，这是不可取的。但是，从新角色的设定来讲，这确实给教师带来了更多的挑战性，迫使他们在提高自身素质的同时去实现自我。根据马斯洛的需求模型，一旦基本生活所需得到充分保障，人们就会开始寻求社会认可和社会身份上的突破。同样的情况也发生在教育领域，例如，对于那些已经解决了安全、生理需求的学校而言，接下来最主要的就是获得公众的支持并对个人的职业生涯有所贡献。幼儿园所推行的园本课程研发正是遵循上述原则，将重点放在儿童的主导位置及其自然的发展进程上，同时给予教师机会，让他们能够积极参与到这些决定当中，从而增强自信感，产生归属感和成功体验。

（三）建构主义学习理论

现代建构主义学习理论对传统主观观点提出了一种新的理解方式，它主要源于认识加工学说及维果茨基、皮亚杰和布鲁纳等人提出的概念。这种新型的教育观强调了学生的主动性和参与度的重要性，而不是被动地吸收信息；同时倡导学生中心化原则，并激发他们的独立思考能力和社会责任感等。基于这些新颖的设计原则，课堂活动展现出更为宽泛且深入的效果，也影响着各个领域的发展方向。在美国发布的首个全国科学教育的纲领性文件《科学教育中的建构主义实践》中明确提出使用建构主义理论来引导整个科目的发展思路。不仅如此，除了美国以外，其他很多国家的学校也开始采用这一创新性的方法去调整他们现有的教材内容或重新审视自己的教育教学模式及其相关培训项目的设计方案。建构主义成为园本课程开发最重要的理论基础。

1. 为理解而学习

根据建构理论，学习的进程是由个体积极塑造其内在认知模型所构成的一个动态流程。认识的问题包括它的起源、类型及功能等诸多方面，这些问题的解答直接关系到教学的目标设定。从历史角度看，各种哲学的流派都曾就此展开讨论并持有各自独特的见解。基于柏拉图的唯心主义指出，知识是主观的、先天的、普遍的、永恒不变的；依据亚里士多德的唯实论，知识是发现事物本质以适应环境的经验，是客观的、永恒而普遍的真理；另外，还有像杜威那般倡导实用主义知识论的人们主张，知识具有实用性、行动性和创造性，知识来源于人与环境的相互作用；存在主义哲学则认为知识是实践存在的体验，是主观的、个别的、多变的而非永恒的、普遍的。而那些持疑惑态度的当代建构主义则认为，知识如何增长、增长方式是积累还是批判、什么是真理才是他们应该回答的。世界是客观存在的，但是个人按照自己的理解能赋予世界独特的意义，将现成的经历记忆、内心构造及信仰体系作为基准点建立新的意识形态系统，进而形成一套独特的学习理念框架。

首先，知识并不是对现实的完全客观呈现，任何一种知识的符号体系也无法绝对反映真实情况。知识只是人们对于现实世界的解读，随着人类理解的深入，它将持续演变，诠释新的意义。

其次，知识无法增强对所有行动和问题处理的适应性，人们必须根据特定的问题、环境对现有知识进行改造和创新。

最后，当学生能深入并真实地掌握知识时，他们才能有效提升思考与研究的能力。这种深度理解必须由学生的个人经历来构建，并且依赖于特定环境中的学习行为。例如，学生是否可以用自己的语言阐释或表达学到的内容？是否能够根据这些信息做逻辑推断或者评判相关的问题？是否可以利用这个知识处理变化的问题？所得的知识是否有体系、是否能够被整合？

建构式的学习观念基于吸收各种学说特别是维果茨基观点而建立并持续

演进着。根据他的看法，幼儿的成长存在两个层级，一是当前他们已经具备的能力级别，二是将来可能达成的能力级别。这两个层级间的差距便是幼儿未来进步及提升的空间，也就是"最近发展区"。维果茨基还主张，在教学过程中，教师不仅要注意学生的当前表现，还需要用长远的视角看待他们的生长进程及其形态变化的过程。所以，从建构式的视角来看问题，对于学习的认识并不像行为论认为的那样，即学习是受到刺激后产生的反应。学习是从个人的经历出发而创建的一种现实化方式，具有主观能动性、社会性、情境性与建构性。维特罗克认为，学习的过程是对信息的解释、对信息进行主动选择和推理，它包含两个方面，第一，运用原有的经验加深对新信息的理解；第二，从记忆系统中提取信息并对其进行改造和重组，再根据现有环境建构新信息。

2. 基于问题的学习

建构主义的教育理念主张教育过程应该由学生的思维活动来驱动，学习者进行持续性地思索，处理各类资讯及观点，生成新颖的理论，然后以特定的方式对其进行测试。相较于传统的教学方式，在疑问中学习时，教师会根据即将学习的主题创建富有深度且有意义的题目，引导学生开始思考并尝试解答这些问题。在寻找答案的过程中，学生可以整合、利用已有的知识储备，查找相关的参考文献，独自探索，最终找到问题的解决方案。

3. 在沟通、交流、合作中的学习

传统的教学模式是以教师为中心、学生为被动接受者，被称为"高压锅式"学习，远离实际生活。幼儿不是出于自己的目的而学习，学习也并非真实生活的愉悦体验，而是充满了枯燥、乏味的无趣刺激。如果幼儿缺乏现实生活的经验和对精神世界的感悟，他们将逐渐失去学习的兴趣和动力。正如古罗马教育家普鲁塔克所说："幼儿的心灵不是一个需要填满的容器，而是一团需要点燃的火焰。"要激发幼儿心灵的火焰，就需要创造出适合幼儿学习的环境，包括物质环境和精神环境两个方面。建构主义认为，每个学习者都有自己的经验世界，不同学习者的经验和对问题的理解都是独特的，创造一个有利于沟通、交流、合作的学习环境，有助于幼儿学会表达自己的想法，学会倾听和理解他人的观点，进而学会包容、互助、分享等品质，这些都是现代幼儿不可或缺的。教师从知识的权威者转变为学生学习的引导者、支持者，学习的合作者和伙伴以及学习意义建构的促进者；学习者可以自由地表达观点，提出问题，展开讨论。在学生的探索中，教师是学生学习情境的创造者、学习活动的支持者；学生从知识的被动接收者转变为主动的学习者，意义建构的主导者。这一角色的转变，使得教师从台前的主角变成了幕后的指导者，这对教师提出了新的期望。

4. 自我监控的学习

接受教育的个体应该认识到学会自我管理的重要作用，积极学习并掌握自我管理的技巧和习惯。如果幼儿没有获得进行自我管理的学习机会，那么就不可能成为具有独立学习和思考能力的个体。所以，教师不仅需要给幼儿设定学习目标，还需要引导幼儿对自己的学习做出评估和反思。长此以往，幼儿才能逐步掌控自己的学习过程，承担起自我探究的责任。在这种学习观念下培养出来的幼儿才是善于学习的终身学者，而这种教育方式也正符合21世纪教育变革的精神。

三、社会学基础在幼儿园园本课程开发中的关键作用

涂尔干的研究观点强调了教育的核心作用在于系统地、有目的地促进人类社会的形成。因此，教育活动的实施必须基于社会现状，并且锚定社会愿景。这种密切相关的社会-教育关系促使人们不停地探索：教育（课程）怎样才能为社会、为个人提供支持与服务呢？

19世纪末20世纪初，学科领域被精细划分，却也被不断整合，在这种态势下，教育的融入促进了社会发展，这就促使教育社会学的产生。引入社会学后，教育与社会的关系问题更是得到了深入分析与研究。在阐述社会和个人之间的关系时，社会学提出了许多不同的看法并发展出多个理论体系。其中最具影响力的三个思想流派包括结构功能主义、冲突论和解释论。

（一）结构功能主义

结构功能主义也被称为"和谐论"或"同一论"，英国的斯宾塞、法国的涂尔干以及美国的社会学家帕森斯和默顿都是其代表人物。结构功能理论在宏观上把社会看成由各个部分构成的统一整体，这些部分在结构上有各自的独立性和关联性，在功能上又有着差异性和协同性。所有的社会元素都是互相依存并保持协调的，各元素的这种平衡状态促进了社会的进化和成长。结构功能主义具备显著的一体性、均等性、稳定性和统一性特征。这一观念被应用到教

育领域，主张课程是传播社会价值观和规则的手段，是学校提供的专业科目集合，也是固化地描述客观世界的知识。

（二）冲突论

冲突论诞生于工业革命时期，并在 20 世纪 60 年代末，与美国的女权主义和反权威主义运动一同兴起。该理论的主要代表人物包括批判资本主义制度的鲍威尔、金蒂斯，研究教育阶层化的柯林斯以及分析学习过程中社会关系的华勒等。尽管这些理论家在个别观点上有所差异，但他们普遍认为：社会在各个方面都处于变化之中，变化是社会的本质特征，社会时时刻刻都伴随着分歧与冲突，这些冲突普遍存在，并且推动着社会结构发生变化。因此，冲突理论的核心特征在于强调社会团体之间的对立性、社会关系的强迫性和社会体系的变动性。基于此，冲突论者通常认为，将课程视为一种重新构建社会阶级结构的方式是极不公正的。

（三）解释论

解释论是现代西方哲学中一个极具影响力的流派，旨在突破两个主要哲学思潮之间的对立状态。解释论不仅在一定程度上融合了欧洲大陆哲学的现象学传统和英美两国的分析哲学传统，还努力将人文主义与科学主义的理念结合起来，展现了一种新颖的思考模式，指明了两者可能的共同发展路径。作为一种新兴的哲学趋势，解释论以其独特的吸引力，广泛影响了人文学科的研究，甚至在科学哲学领域也有所体现，社会学便是其中之一。

解释社会学主张，所有对具体情境的分析都应该具有解释性质。这种观点强调，人们的研究重点应该更多关注具体情境而非抽象的理论，应该对实际情况进行深入挖掘，并尝试整合其中包含的主观意图与互动。例如，在教育领域，解释社会学更倾向于在具体的学校教育环境中分析实际的教育内容和教育过程，而不是仅仅探讨教育制度本身。这种视角在某种程度上促进了教育社会学微观领域的发展，将社会的观念和见解引入到学校的每个环节，包括课程设计、课堂教学、教师学生之间的联系等。总的来说，解释社会学在微观层次上的研究焦点集中在以下两个方面：课堂社会学和学校功能观。

1. 课堂社会学——符号互动理论

对于课堂的社会学研究，社会学的诠释主要聚焦于符号交互理论。这是一种融合多项哲学思想的方法，包括詹姆斯提出的"多元自我呈现"、托马斯阐述的"情景定义"、库利的"镜中自我"及杜威的实用主义哲学等思想。1969年，美国的社会学者布鲁默发表了他关于符号互动理论的专著——《符号互动论：观点与方法》，使得该理论被建立起来。符号互动理论的基本观念在于透过交流行为塑造个人认知和社会现实。这一理论的主要倡导者米德主张，人类思维存在两个方面：心智和自我。二者只有在社交环境下才能得到发展和进化，其中自我需要借助人际关系才能得以真实地展现。也就是说，离开人际沟通和人际关系，自我就失去了存在的价值。

基于对米德观点的传承和发扬，布鲁默提出了他的象征互动理论。他指出，米德描述的心智、自我和社会之间的互动被视为一种简单的"刺激—反应"过程，忽略了社会交流的核心要素。为了弥补这个缺陷，布鲁默引入了一种新的模型——"刺激—解释—反应"模式。该模型强调个体需要全神贯注于解读并体验这种刺激—反应的过程，以便真正理解他人视角，从而实现有效的社交互动。

总体而言，符号互动理论极度关注人类行为中的内向性和主观因素对于社会科学的重要性。根据该理论，人类处于一个由象征符号构成的社会环境之中，在这个环境里，他们不仅作为行动主体，也作为回应主体，用言语、面部表情、肢体动作等方式来传达他们的想法并对外界做出反馈。这样一来，学校的教室就成为一个包含多种具有特定社会含义符号的环境，而教学活动就是教师和学生之间利用这些符号进行的社会互动过程。在这场互动中，学生通过理解周围环境并参与其中来促进自己的成长。因此，利用符号互动理论研究校园内的互动架构及其发展历程具有重要意义。

2. 学校功能观——师生、生生互动

解释社会学者认为，过去的功能主义和社会理论过于集中在对学校外部环境的解析探究，忽略了校园内实际的生活状况。解释社会学者主张：一是任何一种社交活动的作用并非是由社群决定的，它完全来自参与活动的主体本人，它不仅能为自身的行径赋值也能对他者的动作定调；二是要重视那些关于人群动态的变化情况、主观价值观念的表现形式还有一些细枝末节的问题，并对其加以细致入微的考察、描绘、探讨，以便达到更高的认识水平。通过这两个观点，可以深切感受到：幼儿园的首要任务是构建一个能让所有的幼儿都能充分发挥他们潜力的场所；第二项重要任务则是促进幼儿融入社会的各个方面。为此，不仅需要为他们创造充足的学习机会和激发其主动性和潜在能力的环境，还需要建立起教师和幼儿之间的良好关系及同学间的和谐互动模式。

（1）师生互动。在学校环境下，师生之间的交互活动构成了其重要的一部分并体现了学校的职能特征。当幼儿步入人生的第一个学习场所也就是幼儿园以后，他们便开始了与教师的紧密联系和行为往来。师生互动，指的是教师跟幼儿一起参与到教学活动的过程中产生的各种形式的人与人之间的社会关联方式。在这个过程中，双方都展示了他们的身份及职责；同时，也能看出他们在沟通中的模式是如何变化并且有着怎样的特性。可以说，师生互动是一个建立在两者直接对话之上的双边社交交换过程。这涉及一个由引导人和受训者引发的反应循环机制，这个流程贯穿于一整天的学习时间段内。因此可以得出结论，优秀的教师和学生的协作不仅能提升课堂的目标达成率，而且对于儿童早期的性格发展也有重要的影响。在这里，虽然强调的是师生之间的和谐互动，但是根据大部分解释论的观点来看，一般情况下会认为师生互动更像是一场矛盾争执。在实际操作当中，通常会出现一些类似"抑制""不对等依赖"的现象。例如，教师在授课时往往是以教授知识为主或者充当监护者，处于主动地位；而幼儿则是接受培训或受到照顾，处于被动地位，这样一来就使得教师和幼儿的地位出现非对称性的特点。

近期，随着学前教育理论的不断深化和进步，人们再次深入探讨并研究师生之间的互动关系，同时，现代儿童的教育理论也揭示了，幼儿并非只是知识的被动接收者，而是拥有积极性和创新能力的个体。他们可以主动地融入到自我成长过程中，进行自我塑造和发展。教育者和照护者，尤其是教师，如果能够认识到自己对幼儿成长的重要性，智慧地调整自己对幼儿的态度和行为，那么将在幼儿的成长和人格特质塑造方面起到关键性的作用。

20世纪80年代中后期以来，许多学者就开始广泛讨论学生与教师之间的互动问题。例如，美国普渡大学的凯根和史密斯经过调查发现，那些秉持"儿童为本位"理念的教师，往往与单个孩子或者小团体的孩子进行更多交流，这些孩子的反应会变得更加敏锐且迅速，并且建立的师生关系也比较紧密。此外，豪斯和菲利普斯的研究结果显示，教师的教育背景与对待孩子的态度存在一定的联系：接受过高等教育的教师通常会对孩子更加耐心和亲切，相反，没有受到良好教育的教师可能会有点冷漠并远离孩子。然而，郝忆的研究却提出，学历并非决定师生关系的主要因素，真正起到关键作用的是教师的自我反思能力。当教师能够充分理解每个发生在学校的事情是如何影响到孩子的成长，就更有可能主动支持孩子的发展，从而构建出良好的师生关系；否则，情况会截然不同。

另外，根据项宗萍对中国六大城市幼儿园教学质量评测的研究成果来看，当前中国师生的互动过程中，幼儿自主活动的机会很少；而且，现有的师生互动主要侧重于传递知识，忽略了对孩子情绪和社会化能力的培育。在对比研究了中国和澳大利亚幼儿园教师和幼儿的互动后，李生兰发现，中国的幼儿教师倾向于用批判或处罚的方法处理孩子的问题，使用的负面词汇较多。她认为，当前教育的挑战主要在于如何平衡社会和个人需求，传统早期教育课程往往偏向于优先满足社会的利益而非个体的权益。然而，早期教育有其独特之处，它必须以幼儿的现实生活为中心。根据社会学原理，个人和社会间的联系通常是互相影响的过程。所以不仅要考虑到社会的需求，还要重视孩子自己的需求和实际生活情况。同时，也应该认识到，个人和社会间的关系并非单方面的控制或者抵抗，而是相互依存、共同发展。这意味着在设计课程时，既要利于社会的长远目标，也要充分照顾到孩子的成长需求。为此，要营造出宽容的学习氛围，让每个孩子都能被尊重和得到平等的机会，并且能够充分发挥他们的潜力。此外，还要保护好每一个孩子的自尊心和人权，培养教师洞察和理解孩子行为的能力，让他们意识到这些孩子都是独一无二的存在，拥有自己独特的性格和天赋。这一切都需要通过教师的引导和鼓励才能实现，只有这样，我们的教学才有可能真正做到公平、民主。

（2）生生互动。在幼儿园环境中，幼儿之间的互动被称为生生互动，这种互动不同于教师与学生之间的互动，主要涉及同辈之间的信息交换。这种形式主要受孩子社会化过程以及所属小型社群对他们产生的潜在影响。当小朋友互相合作时，可能会被某个特定的兴趣爱好吸引而加入某个特定的亚文化群体，并逐渐成为该群体的一部分。通过这个过程，他们会逐渐建立起一套符合他们价值观和生活习惯的身份来认识自我、认可自己。尽管这些亚文化群体没有明确规定的行为规范或统一的生活模式，但他们仍然会促使群体成员遵循相应的行为准则并对个人的发展路径设定一些限制，因此对儿童的成长产生了重大影响。

四、学前教育学是幼儿园园本课程开发的重要依据

学前教育学作为一个独立于教育学的子学科，专注于探究学前教育的规律和原则。社会环境、时代背景以及不同的思想观念都会深刻影响人们对于学前教育的态度和教学实践活动。从 20 世纪 80 年代开始，许多国家开始重视学前教育，将其视为教育体系的基石，积极推动一系列创新改革，并将其融入义务教育和终身教育的范畴中。在这个领域的探讨中，儿童的权利和身份、儿童的和谐与自由发展、终身学习的理念、适宜性发展教育等概念成为当今时代的主题，这使得人们的育儿观产生了转变，也为幼儿园园本课程的设计提供了稳固的支持。

（一）儿童受教育权

作为一种基础的人类权利，受教育权被现代社会广泛认可。就法规而言，这是一种由国家和地方政府保障实施的教育权利，这种权利受各层级法律保护，与社会经济发展水平相适应。具体来说，这个权利包含三部分：受教育机会权、受教育条件权和公正评价权。受教育机会权指按照法律规定，个人拥有接受一定时间、一定质量教育的权利；受教育条件权指受教育者有权要求国家、政府提供并不断完善适宜的受教育的条件，并以一定手段保证其平等利用这些条件。这里的条件包括合格的师资、适宜的设备设施等。而公正评价权是指受教育者在接受了相应的教育后，有对身心发生改变的状况获得公正评价的权利。

柏拉图两千多年前就提出了学前社会教育的主张，其中蕴含机会均等、人人有受教育权利的思想；罗马教育家昆体良提出人的教育应从摇篮开始；捷克教育家夸美纽斯在其《大教学论》中也处处透露着教育应给予人人的思想。这些思想在不同的国家得到了传承和发展，最终在 20 世纪中期被正式确立。联合国《世界人权宣言》《经济、社会、文化权利国际公约》都明确规定了人生而平等，每个儿童都有接受教育的权利，并禁止对儿童进行歧视。《儿童权利公约》是国际法中对儿童权利及保护最全面、最系统的文件，强调了儿童有受教育的权利，包括培养个性、才智、尊重人权和基本自由、文化认同、和平友好精神，倡导男女平等、尊重自然环境等教育。随后国际社会对各国儿童受教育权问题的关注不断增加，例如，1990 年 9 月 30 日世界儿童问题首脑会议通

过了《儿童生存、保护和发展世界宣言》，指出目前有 1 亿以上的儿童得不到基本教育，其中三分之二是女孩。在全世界的儿童发展中，让所有儿童能获得基本教育和识字是至关重要的贡献之一。2000 年 1 月 17 日至 20 日，在有关"全民教育"（Education for All，EFA）评估的亚太区域性会议期间，会议制定了关于亚太地区行动的初步纲领《全民教育行动计划》，在其导言中强调，所有人，尤其是那些处于劣势和受到排斥的人，均应能够接受优质的基础教育。受教育不仅是一种权利，还是社会和人类发展不可或缺的基石。2004 年 4 月 19 日至 25 日，联合国教科文组织与"全球推动教育运动"共同举办了"全民教育周"活动，举行了四项重要活动，旨在倡导儿童应享有受教育的基本权利，督促全球各国重视儿童教育问题。

在中国，《中华人民共和国宪法》规定了国家的责任在于建立各类学校并推广基础教育的普及，同时推动中等、职业及高等教育的进步，并在幼儿阶段提供教育服务。在《中国儿童发展纲要（2001—2010 年）》中可以看到对保护孩子接受教育权益与提升教育质量的要求。在《幼儿园管理条例》和《幼儿园工作规程》这两部针对幼儿教育的专有法律文件里，我们能看到关于幼儿园定位、职责、目标、理念、招生流程及经营管理的详细规范。

《幼儿园工作规程》中规定：

幼儿园的性质：幼儿园是对三周岁以上学龄前的幼儿实施保育和教育的机构，是基础教育的重要组成部分，是学校教育制度的基础阶段。

幼儿园的任务：幼儿园实行保育与教育相结合的原则，对幼儿实施体、智、德、美诸方面全面发展的教育，促进其身心和谐发展。

教育工作的原则有：①遵循幼儿身心发展的规律，符合幼儿的年龄特点，注重个体差异，因人施教，引导幼儿个性健康发展；②面向全体幼儿，热爱幼儿，坚持积极鼓励、启发诱导的正面教育；③创设与教育相适应的良好环境，为幼儿提供活动和表现能力的机会与条件。

《幼儿园教育指导纲要（试行）》强调以下思想：第一，幼儿园教育是基础教育的重要组成部分，是我国学校教育和终身教育的奠基阶段。第二，幼儿园应与家庭、社区密切合作，共同为幼儿的发展创造良好的条件。第三，幼儿园是幼儿生活和学习的重要场所。幼儿园教育应丰富幼儿的生活，满足他们身心发展的需要，帮助他们度过快乐而有意义的童年。第四，幼儿园教育应充分尊重幼儿作为学习主体的经验和体验，尊重他们身心发展的规律和学习特点，以游戏为基本活动，引导他们与环境积极互动。第五，幼儿园教育应充分照顾幼儿的个体差异，为每个幼儿提供发展潜力的机会，促使他们在已有水平上得到应有的发展。

综上，无论是全球范围内的还是国内的法律法规，它们都在极力关注并保护幼儿的受教育的权利。这些权利包括受教育机会权、受教育条件权以及公正评价权。此外，幼儿的全面和谐发展也很重要，这是他们通过获得受教育的机会来实现的。适当的教育方式可以推动他们的个性和智力、身体、情绪以及道德品质等方面的发展。换句话说，教育的目标是要培育出完整的个体。所以，当前幼儿园的课程设计都会强调推进幼儿全方位的健康成长，这也是幼儿园特色课程设计的出发点。这种基于"儿童为中心"的课程构建理念，实际上已经意识到所有儿童都有享受同等受教育的权利，且教育应该适应各种类型的儿童的不同需求。在幼儿园课程的设计与执行过程中，幼儿不仅充当了课程创建的主导者，也成为施教的目标群体，这样一来，他们获得了学习的机会。同时，为了确保课程设置的准确性、内容的适切性、实施方法的有效性以及评价标准的科学性，一切都要依赖于幼儿的实际表现来设置，也就是看其能否满足健康成长的需求，是否有助于实现均衡而自由的发展。如果发现问题，教师会立即进行修改和优化。因此，幼儿园的教育资源建设不仅有效地保障了幼儿的学习权益，让他们享有学习的可能性和获得必要的设施保障，同时也确保他们在享受这些权利时，能够实现全面发展。

（二）终身学习

终身学习，顾名思义，指的是学习贯穿于整个人的一生，从出生到年老，学习将一直伴随着人的生命历程，并对人的整个发展产生影响。古人有言，"活到老，学到老""吾生有涯，而知无涯"。在有限的生命中，学习一直是人类认识世界和社会，不断提升自我的必要途径。因此，人们一直将学习视为永恒的主题。然而，在现代，随着正规学校教育的普及，这种观念逐渐淡化，学习和接受教育被视为人生某个阶段的任务。当我们站在时代的十字路口，回首过去，展望未来，会发现眼前一切都变得模糊不清，行业不断变化，人员频繁流动，知识迅速更新，新的思潮、新的观念不断涌现。人类正面临着史无前例的瞬息万变，而教育作为面向未来的事业也面临着现代社会带来的未知和不确定性。"我们再也不能指望一劳永逸地获得知识，需要终身学习，建立不断演进的知识体系，学会生存。"1965年，法国教育理论家保罗·郎格朗在联合国"第三届促进成人教育国际委员会"会议上，首次提出了终身学习这个观点。他指出，教育不应该只局限于幼儿期和青年期，而应当贯穿整个人的一生。换句话说，教育应该是持续终身的，学习也应当贯穿整个人的生命历程。1976年，联合国教科文组织在《关于发展成人教育的建议书》中提出了终身学习的概念。教育的目标是促进个人的发展，发展是学习的结果，终身学习的目标就是促进个人不断地学习。终身学习体系中的学校教育，应该面向每一个接受教育的个体，这不仅体现了教育的民主化，更反映了个体持续发展的需求。教育应该以人为本，以人的发展为中心，使人不断完善自我，使其个性丰富多样，表达方式复杂多样；使其成为承担不同责任的个人、家庭成员、社会成员、公民，生产者、技术创新者和有创造性的理想者。

不同的教育理念会导向不同的思想方向，从而直接或间接地影响课程开发的效果。对于幼儿园来说，把终身学习的概念融合到教学策略里是一个非常有用的指导原则。这不仅仅是为了将幼儿的个人成长确立为教育的最终目的，也是为了消除儿童和他们所学的知识之间的障碍，从而找到一种连接两者的方式。这种方式强调，教育是一种持续的过程，它致力于促进个人的全方位发展，包括身体、心理、智能和社交能力等各个方面。为了达到这个目标，园本课程开发的重点应该根据儿童的兴趣来选择课程内容，而不是只重视成绩；要选择那些能带来长远影响的教育方案，并让儿童在学习中感受到愉悦。从20世纪70年代开始，终身学习的思想就进入了中国的教育领域，给我们的教育教学带来了全新的视角和方法，同时也为我们制订适合自己学校的课程计划提供了一个坚实的理论依据。

（三）适宜发展性教育

"适宜发展性教育"又称"发展适应性教育"（Developmentally Appropriate Practice，DAP），它是美国幼儿教育协会（National Association For The Education of Young Children，NAEYC）于1987年在《0～8岁儿童发展适宜性教育》（于1997年修订）一书中提出的一种新的关于儿童发展的概念。全美早期教育协会认为，一个优质的早期教育机构，应当能够为儿童提供一个安全的保育环境，促进他们在身体、社会、情感和认知方面的全面发展。

这样的机构需要设计并实施符合儿童年龄特点和个体差异的课程与教学活动，确保每个孩子都能在适合其发展的环境中成长。这本书自出版以来，在学前教育领域产生了深远的影响，成为每个美国早期教育工作者的重要参考书之一，并被誉为美国早期教育的"圣经"。

1. 发展适宜性实践方案的主要观点

1987年发布的第一个版本的《发展适宜性实践方案》描述的基本理论包括两个层面的含义：首先，对幼儿来说，最好的学习方式是通过具体的游戏来引导；其次，不断更新幼儿园的课程来满足幼儿的需求，而非强迫幼儿来适应学校的教学计划。

美国早期教育协会将幼儿按照不同的年龄段进行划分，主要分为0～3岁、3岁、4～5岁、5～8岁。对于"适宜发展"从两个方面进行定义，首先是幼儿的生理、心理、社会性和认知发展都呈现出一定的顺序性和阶段性，因此幼儿教师需要根据具体的发展阶段来设置学习环境，安排学习内容和教学方法；其次是考虑个体之间的差异，每个幼儿的身心发展会受到成长环境、个人特质、学习方式和家庭等多种因素的影响。指导方针主要从四个方面来体现：第一是课程。课程应该涉及幼儿的各个发展领域，内容的选择也应该建立在教师对幼儿的观察和记录基础上，教师需要营造适宜的环境，并通过与幼儿生活相关的具体活动，提供幼儿与成人、其他幼儿和材料互动的机会。另外，教师需要设定更广泛的教育领域，随时准备好接受幼儿的独特爱好和技巧，使用各种素材提升活动的深度，并在这个过程里不断向幼儿提出挑战。第二是成年人和幼儿之间的交流。对于幼儿的需求和喜好，教师应该迅速做出回应，如果发现幼儿承受过多的压力，应提供缓解的方法和活动，并用语言激励他们，以提高他们的自信心、包容性和自我控制能力。第三是家庭与学校教育的关联。父母双方都有义务和责任照顾并教育幼儿，鼓励家长到学校观摩或参加幼儿的活动，保持家校沟通，让教师有机会跟家长分享幼儿的进步情况。第四是儿童的发展评估。制定衡量标准通常是以常规情况为基础，不一定适用于特定情况下的幼儿，所以，在做评估的时候，需要考虑教师的观察记录和家长的信息反馈，利用观察和评估结果来识别那些具有特殊需求的儿童，然后针对这些儿童定制相应的教学计划。

全美早期教育协会通过对1987年版的发展适宜性实践方案进行反思和检讨，在1997年制作了一份修订版的方案，将幼儿的年龄段重新进行了划分,分为0~3岁、3~5岁、5~8岁这三个年龄段。修订版中对发展适宜性实践方案重新进行了定义,强调了专业的教师在选择对幼儿有益的教育方法时必须具备三种知识:①关于幼儿发展和学习适宜性方面的知识;②关于幼儿个体差异方面的知识;③关于社会、文化背景方面的知识。修订版中强调,幼儿课程必须注重孩子的整体发展,在教育决策过程中必须遵循一些指导原则才能进行整合性教育。而整合性教育则包含五个要素:创造一个充满关怀的学习环境;增进幼儿的发展与学习;建构适当的课程内容;评估幼儿的学习与发展;与家庭建立双向的沟通关系。在修订版发布之前,许多幼儿教育专家和学者认为,发展适宜性实践方案中的教师角色显得消极被动,甚至有人误解为幼儿的"发展"等同于课程本身。但是,在修订版中,全美早期教育协会特别澄清,"发展"实际上是指由幼儿教育专业人员根据儿童的发展状况来决定适宜的教育内容和决策的结果。全美早期教育协会强调,方案中提到的适宜与不适宜只作为教师决策时的参考指南,而不是僵化的评判标准。教学过程中的各项决定应当基于教师对每个幼儿具体情况的了解,而不是机械地遵循固定的规则。初版和修订版发展适宜性实践方案的不同之处在表1-2中一目了然。

表1-2 初版和修订版发展适宜性实践方案主要观点比较

	初版(1987)	修订版(1997)
适宜发展课程的定义	适宜发展课程是指年龄适宜性和个别差异适宜性	适宜发展课程是指幼教专业人员根据三方面的重要知识,决定适合孩子的决策过程和结果
基础知识	以儿童发展知识为主	儿童发展学习、个别特性及经验、社会与文化环境的知识
对儿童发展的强调	一般儿童发展特性	一般儿童发展特性、个别儿童的独特性、社会文化的影响
年龄层划分	以年龄层区分(0~3岁,3岁,4~5岁,5~8岁)	以年龄层区分(0~3岁,3~5岁,5~8岁)
课程关注	重视课程实施的现状	重视课程决策的思考过程
判别准则	用两分法来判断发展适宜或不适宜	以教师做决定时所运用的知识来判断其实践是否发展适宜

2. 发展适宜性实践方案所受到的批评及回应

自发展适宜性实践方案发布以来,众多研究者对其进行了评估和讨论。总结起来,主要存在以下几类质疑:第一,发展适宜性实践方案仅仅是基于发展理论而构建，并未充分考虑到学习的因素；第二，发展适宜性实践方案采用的分类方法过于绝对化，是一种强制的策略选择；第三，发展适宜性实践方案对文化是忽视的态度，对种族差异也不够敏感，因此对于那些具有不同社会经济背景的幼儿而言适应性会比较差；第四，执行发展适宜性实践方案的教师在教育过程中往往表现出被动、消极的态度。

对于上述质疑，全美早期教育协会做出回应：首先，他们认为，对于儿童成长的了解不仅仅是基于"年龄和发育"的信息，在更新版本中突出了学习的核心地位；其次，德坎普提出，采用二分法来指导幼儿教师做出适当或不适当的教育决策，目的是简化教师的选择过程，以便教师在难以确定选择时作为参考依据。此外，全美早期教育协会进一步强调，在借鉴过程中，教师也需要结合自己的专业知识来评估当前实践的合适性。再次，由于很多学者明确表示发展适宜性实践方案只适合特定文化和背景的幼儿，而不是所有幼儿，协会于1987年把文化差异看作是个体差异的一部分，并且在1997年的宣言中将文化知识列为教师必须具备的专业知识之一。最后，协会强调了教师设计的教育内容应该激发幼儿积极参与学习过程，而不是像传统教育方式那样完全依赖教师来引领整个课堂。当然，这也并不意味着教师就要完全放手，而需要在适当的时候采取措施。

3. 发展适宜性实践方案对幼儿园园本课程开发的启示

发展适宜性实践方案关注的是教育计划的设计原则、幼儿园与家庭的关系及其相互作用、教师和家长与幼儿之间的交流模式以及对幼儿成长的评估。此外，1997年的版本还突出了教师职业判断能力的重要性。由此可见，实施发展适宜性实践方案需要包含两个条件：第一，教师需要按照方案推荐的标准来设计课程，那么不论主题是什么，课程内容都会适合幼儿的发展需求；第二，幼儿教师必须具备专业知识和专业能力，以便成为专业从业人员，为幼儿提供合适的学识体验。

2001年，我国教育部发布了《幼儿园教育指导纲要（试行）》（以下简称《纲要》），这是一份意在指导幼儿园课程发展的政策性文件。《纲要》将幼儿园课程内容划分为健康、语言、社会、科学和艺术五个领域，并且为每个领域设定了课程目标、内容和范围。这使得幼儿园课程的组织、实施和评估都遵循《纲要》的精神。然而，《纲要》在"为什么要这样教""怎样教"等问题上却未详尽解答或者给出任何实操性的建议方案。当教师试图按照《纲要》制定教学计划时，又很容易受限于那些规则条目，从而导致他们偏离正确的教学轨道，甚至与教学目标完全背道而驰，反而忽略幼儿的实际需求和喜好。

从发展适宜性实践方案中我们可以得到一些启发，在设计幼儿园园本课程时需要思考以下几点：第一，在一个地理环境多样化且文化多元化的国家，是否有必要设定统一的标准来指导全国范围内的幼儿园教学活动。怎样根据我国的具体国情，制定出切实可行的、适合各个幼儿园的教育准则。第二，鉴于当前教师的专业技能有待提升的情况，哪种教育策略可以增强他们的工作能力并且能够长期实施和推广。

实际上，由于区域范围大小各异，不同地方、学校和员工之间存在差别，为了满足各地的需求并彰显幼儿园的个性化特征，一种以幼儿园教育理念为基础的园本课程应运而生。这是通过园长、教职工、幼儿、家长和社会成员等多方参与，结合幼儿的需求和幼儿园实际状况共同创建的一种课程体系。这个方案以幼儿园为基础，既考虑到各地区的文化环境差异，又关注了每个幼儿园的特定情况，同时也充分考虑了幼儿的年龄及个体差异，全方位地涵盖了幼儿发展的各个方面。此外，教师在课程构建过程中享有独立创新的空间，可以根据幼儿的喜好和需求来规划、商讨，最终确定合适的教学方案，给幼儿自我探索和自由活动的空间，让学习过程变为儿童与环境互动、主动构建知识、创造性思考的过程，促使幼儿从现有水平向更高阶段迈进。与此同时，这种课程的设计也能助力教师的个人成长、发展和提高。

第二章

多元文化与园本课程开发价值

第一节 多元文化概述

一、文化的解析

(一) 文化的概念

1. 从词源上看文化

在甲骨文中,"文"的含义主要是修饰或赞扬王者,又文曰"美也,冠于王名之上以为美称"。也就是说,"文"最早的汉语含义指的是一种对人身体的修饰,具有美好的意味。《说文解字》中说,"文,错画也,象交文",其意也是指一种纹理、修饰。类似的例子还有《史记·吴太伯世家》中"太伯、仲雍二人乃奔荆蛮,文身断发,示不可用",这里的"文身"之"文"也是"文"字的初意,即在人的身体上刻画形成的图案或者符号。

之后,"文"一词被赋予了其他意义:第一,它代表了各类文化遗产和经典文献,例如《尚书·序》中的"由是文籍生焉",即"由此产生了书籍文献";第二,它是个人品质和礼节的象征,与"质""实"形成对比,正如《论语》所述的"质胜文则野,文胜质则史,文质彬彬,然后君子",意思是如果一个人过于质朴,缺乏文采,那么他就会显得粗鲁无礼;相反,如果一个人文采过多,不够质朴,那么他只会变得虚伪做作;第三,它表示美好、善良和道德等概念,比如《礼乐·乐记》中的"礼减而进,以进为文",《尚书·大禹谟》中"文命敷于四海,祗承于帝"等。在古代文字记载里,"化"这个字在早期的甲骨文中就已经出现,"象人一正一倒之形,所会意不明",许多历史记录中,"化"字是指从无到有的生成,或已经存在物的造化、改易,即指事物形式或性质的改变,如《周易·系辞下》中说"男女构精,万物化生",指的是从无到有的生成;《庄子·逍遥游》中的"北冥有鱼,其名为鲲。鲲之大,不知其几千里也。化而为鸟,其名为鹏",指的是已经存在的"鲲"的造化改易。后来"化"字引申出教化之意,如《说文解字》中"化,教行也"。

"文""化"两个字首次被组合在一个句子里是在《周易·贲卦·象传》中："观乎天文，以察时变；观乎人文，以化成天下。"意思是通过观察天地运行的规律，以认知时节的变化；通过注重伦理道德，使人们的行为合乎文明礼仪。而"文""化"两个字联合在一起出现，则是在西汉史学家刘向的《说苑·指武》中："圣人之治天下也，先文德而后武力。凡武之兴为不服也。文化不改，然后加诛。"意思是贤明的君主在治理国家时，应该首先注重文化教育和道德修养，通过文明的教化来引导人民。只有在对方不服从、不接受文明教化的情况下，才考虑使用武力。这里的"文化"已与我们今天常用的含义相近，但更多指的是一种"自上而下"推动的变化过程，这个变化在"上方"的眼光中是一种日渐符合"我意"的具有"进步"意味的过程。换句话说，"文化"这个词在汉语中原本就具有两个特性，一是蕴含着价值评估，二是代表不断演变的过程。

"文化"在英语对应的是 culture，源于拉丁语 cultura，即"种植、耕作"，或"种植、耕作的技术水平"之意。文化在英语中的现代意义是任何人类社会都具有的一种超生物性的状态。1843 年，德国人克莱姆出版了《普通文化史》，其中有使用"文化"来指代人类社会的风俗、宗教、科学、艺术等方面，这已经与文化的现代意义非常接近。

2. 中外学者对文化的定义

就文化的解释而言，有三类概念比较清楚。

第一类是记述的概念，注重文化的整体性，并列举了文化所包含的重要内容。1871 年，《原始文化》的作者，英国文化人类学之父爱德华·泰勒对"文化"进行了阐述：广义上的文化是指包括知识、信仰、道德、法律、习俗及其他所有人作为社会所获得的一切能力与习惯的复杂整体。在此基础上，英国人类学家马林诺夫斯基进一步提出了文化的物质领域性质："文化明显是由各种工具、各种消费品、各种社会群体的体制特征，以及人类各种观念、技艺、信仰和习惯所组成的整体……器物和习惯形成了文化的两大方面——物质的和精神的。器物和习惯是缺一不可的，它们是互相作用、相互决定的。"

第二类是规范性的概念，强调的是文化与行为之间的关系及其背后的规则和价值观，例如"文化是生活的整体方式"。1945 年，哈佛大学的人类学家克罗孔和凯利对文化提出了自己的理解：文化是人们在生活中创造出来的各种元素，其中包括显眼的部分、隐藏的部分、合理的部分、不合逻辑的部分，甚至还有无意识的部分。这些元素都对人们的行动产生潜移默化的影响。因此，可以看出，文化总是包含理性和非理性的成分，我们不能仅凭逻辑来理解全部的文化表象。

第三类是结构的概念。1940年，奥格本和尼门可夫提出：一个文化包含许多文明或文化特征。将这些要素整合为一个系统，在这个系统的各部分之间有不同程度的相关。文化之器用的特征和非器用的特征，是围绕着满足人的需求而组织起来的。这些特征就是文化的核心。一个文化内部各种各样的建构互相联结起来形成一个模型，而这个模型是每个社会所独有的。文化人类学家格尔兹也主张：不要将文化看作是具体行为模式的复合体系列（风俗、惯例、传统、习惯），而是看作一套控制机制（系统、结构）——用以控制行为。如果没有文化模式，也就是那些具有意义的象征性组织的指引，人类的行为就无法得到有效的控制，只会变成混乱且无关紧要的活动和情感释放，从而导致他们的体验变得毫无条理。总而言之，文化不仅是对人类存在的装点，更是构成其独特性的关键因素，是必不可少的条件。

另外，《中国大百科全书·社会学卷》对文化的界定为："文化可分为广义文化和狭义文化两种。广义的文化是指人类创造的一切物质产品和精神产品的总和。狭义的文化专指语言、文学、艺术及意识形态在内的精神产品。"根据这一定义，在本书中，文化是指广义上的文化，由物质文化、制度文化、精神文化三部分组成。物质文化体现在人类物质生产和产品上，反映出人们的生活需求、社会状况、生活方式、思想观念、习俗及科学技术等信息。物质文化是最外在、最显而易见的文化。制度文化是为了人类生存和社会发展而创造的有组织的规范体系，主要包括国家的行政管理体制、人才培养选拔制度、法律制度和民间的礼仪俗规等内容，是文化层次理论要素之一。精神文化主要指价值观、哲学、信仰等方面，是不易察觉的部分，常常以物质形式呈现。在文化结构中，物质文化是基础，制度文化是中层，精神文化是核心。

尽管对于文化的定义存在多种理解，但它们都一致地强调了文化是人类发展过程中的产物，并与人类社会活动密切相关。当人类为了适应和改良自然环境而展开行动时，文化便应运而生；同时，这种文化也会以各种形式反映到人的行为当中，并对他们的实际行动产生影响。也就是说，尽管文化概念的边缘没有明确的界定，但其核心的东西是清晰的、实在的。第一，文化包含了不同层次，涉及复杂而多样的要素。第二，文化是不同价值观念体系下的产物，没有绝对的好坏之分。第三，文化是在不断发展、变迁的。作为一种有机体，文化包含了多层次的元素，如物质性的逻辑与因果关系，以及其内在的精神部分。这些不同层次的文化并非孤立存在，相反地，它们彼此交织并互相影响。物品是文化留下的历史印记，以实体的形态呈现于特定的时间空间中。这种实体化的表现方式构成了文化的物质面貌，然而隐藏在物品背后的是文化和思想理念，这才是真正的文化精髓所在。

3. "文化"与"文明"的区别

无论在日常生活中，还是在学术研究中，人们在使用文化这个概念时，也常常使用另一个相近的概念——文明。在日常生活中，许多时候，人们在使用文化和文明两个概念时，所表达的意义常常是一致的，即使有区别也很细微。但就本质而言，文化和文明是有区别的，要更好地理解"文化"，就不能不对"文化"与"文明"加以适当的辨析。上文已经对"文化"概念进行了论述，下文将对"文明"一词进行说明。

"文明"一词自古以来就存在于中国传统文化中，如《周易》中有"见龙在田，天下文明"，而《尚书·舜典》赞颂舜时说他"浚哲文明，温恭允塞"，孔颖达注释说"经天纬地曰文，照临四方曰明"。也就是说，"文明"一词在中国古代既可以形容人类整体意义上的"天下"，也可以形容个体——如"舜"这个人，表达的是被形容对象的一种"智慧、光明和进步"的状态。这与现代意义上的"文明"一词有某种相近的地方，但也有区别。一般认为，中文中"文明"的现代含义并不是自生的，而是从日语中转借来的，而日语的文明一词又是来自英语中的 civilization。一般认为是福泽谕吉 1867 年在《西洋事情》（外编）中最早将英语的 civilization 翻译为"文明"和"文明开化"，而早期中国人将这个词翻译为"教化""文雅"等词。黄遵宪是最早在文明的现代意义上使用该词的中国人。到了民国初年，中国人使用"文明"一词，往往是指新的东西，而所谓文明的东西，或是新的东西，往往也就是西化的东西。这明显是受到了当时西方"文明"一词的现代意义的影响，将"文明"看作一种"进步"的状态，并将之等同于"西方"。

而事实上，在西方，"文明"一词现代意义的形成也有一个过程。根据德国社会学家诺贝特·利亚斯在《文明的进程》中的论述，西方的现代"文明"概念最早来源于法国。16～17 世纪，随着新贵族和人民阶层的兴起，出现了一个表现他们自我意识的词汇，用来表示他们特殊的行为方式和礼仪，以显示他们区别于普通人的身份和高贵品质，这个法语词是 civilite，意思大致是"礼貌的"。到 18 世纪时，伴随着欧洲经济体制的变化与新兴中产阶级的崛起，他们开始对君主专制下的无端行为表示反抗并保护自身的权益。基于此背景，"civilite（有礼貌的）"一词进一步演化成"civilization（文明）"，作为一种代表国家和社群遵循现实社会的法则且具有前瞻性和完美性的状态而存在。通常理解上，civilization 一词是由一位名叫维克多·雷克蒂·密拉波的法国重农主义思想家于 1756 年首次提出来。密拉波创造了这一概念，或者说，至少是率先在他的著作中使用了。在这之后，随着欧洲人对世界各地的殖民，"文明"这个词既被传播到了其他地方，也成了欧洲人区分自我和他者的一种标志，将自我看作文明的一端，而将他者看作野蛮的一端，这成为欧洲人进行全球扩张和殖民的辩护理由。

可见，"文明"一词表现的是一种自我意识，一种以自我为中心的对自我的呈现和肯定，常常用来指自我（某些人或某个群体，特别是民族或整体人类）在物质生活和精神生活两个方面所达到的成就或状态，或应该达到的成就或状态。这其中的"自我"最初是欧洲人，就今天来看，已经是整个人类群体。所以，今天的"文明"一词意味着人类整体的成就和进步，包括物质的和精神的、社会的和个体的。

通过以上对"文明"现代意义的梳理，加上前文对"文化"现代意义的论述，就可以对"文明"与"文化"进行区别。

首先，就价值判断而言，文化和文明都是对人类自身的一种正向评估，都是指人类自身所具有或能达到的一种"美好而较高级"的成就和状态，但"文明"一词所包含的价值赞颂程度更高。"文化"指的是人类区别于其他生物的状态，但"文明"不仅包含这一层含义，还含有另一层价值判断，即人类的一种区别于自己过去的、区别于他者的，更为进步和完善的成就和状态。例如，文化中既有好的部分也有不好的部分，在人类历史上普遍存在的各种酷刑、各种阴谋诡计，也是人类文化固有的一部分，这是其中的消极部分，一般是不被纳入文明范畴的，因为文明不仅意味着"人类的"，还意味着"进步的"。

其次，就内容而言，如上文所言，文化是无所不包、无所不在的，可以很简单，也可以很复杂，可以是积极的，也可以是消极的，而文明的内容通常相对狭隘一些，只包含那些积极的、具有正向价值的部分。再如，抽烟在某种程度上也是一种文化，而很难算作文明，特别是在公共场合抽烟。

再次，就时间跨度而言，文化指的是人类区别于动物的状态，从理论上说，文化比文明所涵盖的时间跨度要长。事实上，文化与人类自始至终如影随形，自有人类以来，文化就发挥了很大的作用。而人们一般谈论文明，并不是从人类生物进化开始的，而是从用火开始，从制造工具开始，或者从使用文字开始。

最后，就关联的主体而言，文化常常相对的是群体，文化是群体层次上的事物，虽然我们也说某个人"没文化真可怕"，或者说"就怕流氓有文化"，但这个文化仅仅指的是这个人的知识方面，内容远远小于我们所说的"文化"一词。而文明不仅常常与群体关联在一起，如中华文明，也用来修饰个体，如"做个文明守法的好公民""有一种风景叫文明"等，都是指个人的行为举止。

（二）文化的内涵

1．人类化

"自然的人化"就是文化的本质。人类通过改造自然和社会实践来发展文化，文化即是人类与自然、主体与客体在实际行动中的对立统一。文化的起点在于人类对自然的改造以及对社会的变革。人类的核心在于"人类化"，即人类的价值观念在社会活动中的具体体现，不仅包括人类创造的文化成果，也涵盖了这些成果通过符号系统在社会中的传播和实现。文化的价值不仅体现在物质文化产品的创造上，也体现在对人的心智和精神世界的塑造上。

文化产生和发展的基础包括人类劳动、劳动对象以及劳动环境。在实践过程中，人与自然、主体与客体的融合构建了文化观念的理论基础。

2．符号化

"文化学之父"——美国的莱斯利·怀特在他编写的《文化的科学》中提出：人类行为可以被划分为两类，即符号行为和非符号行为。其中，非符号行为属于人类作为动物的存在方式；而符号行为则代表了人作为人类的存在方式。所有的人类行为都源自对符号的使用。因为有了这种使用，我们的类人猿祖先才能转化为人类，并且保持为人类。通过符号的使用，人类所有的文化和文明才有机会诞生并在时间的长河中传承下去。也正是这些符号，让人类在成长过程中发生变化，从而成为真正意义上的人类。所有的社会行为都是基于符号的使用或者受制于它们的影响。因此，可以说，人类的社会行为是由符号构成的，符号构成了人类社会的核心部分。所以，怀特基于自己的理解，把文化的含义归纳为：全部文化（文明）依赖于符号。正是符号的产生和运用才使得文化得以产生和存在；正是由于符号的使用，才使得文化有可能永存不朽。没有符号，就没有文化，人也就仅仅是动物而不会成为人类。

德国著名哲学家恩斯特·卡西尔的观点与怀特的基本一致，他在《人论》一书中充满激情地论述了"人—符号—文化"三位一体的关系。在卡西尔眼里，人就是符号，就是文化，作为活动的主体就是"符号活动""符号功能"，作为这种活动的实现就是"文化世界"。同样，文化无非是人的外化、对象化，无非是符号活动的现实化和具体化，而其中的关键与核心正是符号。因为"符号功能"建立起人之为人的"主体性"，正是"符号现象"构成了一个文化的世界，正是"符号活动"在人与文化之间架起了桥梁：文化作为人的符号活动的产物，成为人的所有物；而人本身作为自身符号活动的结果，则变成文化的主人。卡西尔的文化定义反映了他关于文化哲学的基本观点，他说："一个文化哲学是从这样的假设出发的：人类文化的世界并不是杂乱纷离的事实之单纯集结。它试图把这些事实理解为一种体系，理解为一个有机的整体。""作为一个整体的人类文化，可以被称为人不断自我解放的历程。语言、艺术、宗教、科学是这一历程中的不同阶段。在所有这些阶段中，人都发现并且证实了一种新的力量——建设一个自己的世界、一个理想世界的力量。"

（三）文化的特征

1. 创造性

著名学者庞朴认为：人类本质的表现形式及其产生原因就是文化。文化和人类本质紧密相关，表现为文化是由人所创立并用于他们的日常生活以维持生计的方式；而人又是文化的产物，人身上的文化特征使其不同于其他生物，这是人类最基本的特点。文化在一定的意义上就是"人化"，它是人类为了生存和发展而在改造自然、社会和自身的劳动或实践中创造、发明的成品，而非自然生成的东西；它是人的意识和劳动创造的结晶，又是人的本质力量的展示。没有人的意识和劳动创造，就不会有物质产品和精神产品，也就不会有文化。人的创造是文化的灵魂和生命，文化生成于创造、发展于创造，文化的传承与复兴也有赖于创造，文化充满着创造，这就决定了文化具有创造性特点。

文化的创造性在物质文化、制度文化、精神文化和语言文化的生成和发展中都有体现。例如，独具中国特色的唐装与旗袍；被誉为人类历史上的杰出贡献之一的中国古代四大发明：造纸术、火药、指南针和印刷术；壮丽宏大的万里长城和景色优美的杭州西湖、台湾阿里山；当代科技创新的成果如人造卫星、载人飞船；2008年奥运会的主场馆"鸟巢"和游泳馆"水立方"等。这些既包含有形的物质财富，也包括无形的精神财富，并非是未经人工干预的天然物品，而是劳动力的具体体现。同理，制度文化、精神文化也都是人类的创造成果。例如，我国由古至今的社会制度的更迭、所有制的改变，现代的改革开放、社会主义市场经济体制，古代的儒、道、墨学说，都是人有意识地创造出的制度文化或精神文化。语言是用纯粹人为地、非本能地、凭借自觉创造出来的符号系统来传达观念、情绪和欲望的方法。它是一种文化功能，不是一种生物遗传功能。所有的语言和文化都来自人的主动创新，没有人们的劳动创造便不会存在任何语言或文化。人创造、发明任何一种物质产品、精神产品、语言产品都是为了满足人类的某种需要、表达某种意图或精神意志，并且都会自觉或者不自觉地在特定的文化意识指导下进行。其关键是人的本质力量，包括人的意识、人的创造力、人的劳动实践。

2. 民族性

文化的本质是人的本质的外化。人是社会的人，也是民族的人，世界上没有民族属性的人是不存在的。民族是人们在不同社会发展阶段中形成的具有共同的地域、共同的经济生活、共同的语言，以及表现出共同的心理素质的共同体。民族文化作为民族创造的物质文明、制度文明、精神文明和语言文明的总和，它总是在一定的民族机制中创造和发展起来的，都有其自身的历史渊源和特殊性。因此，每个民族的文化都必定有独有的特征。

3. 时代性

卡尔·曼海姆曾说过，"一切科学都不能不是时代的，至少也要受到时代所要求、所注重及所鄙弃、所忽视的影响。"文化是一个逐渐演化的社会历史现象，它是在人类社会的发展历程中逐步塑造而成，并且随着时代的进步和社会的变迁而不断演进和转变。任何一种文化现象都孕育于当时的时代土壤，烙着时代的印记，因此，它势必带有时代的特点。

不同于文化的民族性是对世界各民族的独特文化做共时的综合观察而概括出的特点，文化的时代性是对一个民族文化做历史的比较而找出的特点。构建文化的时代特征的阶段是共享的。只要我们从历史时期的某个角度，对特定历史时期的文化现象进行全面研究，挖掘其独特性，并对能够揭示时代本质的元素进行概括，就能提炼出这个时代独有的文化特性。如果对一个民族的文化现象进行历时性的、纵向的观察就会发现，文化发展的时间长河是波澜起伏、千姿百态的，不同的历史阶段呈现出或隐或显的不同文化风貌，这便是不同时代的文化特征。

文化的时代性在文化的各个层次上都有体现。例如，在中华文化中，物质文化，如古代的皇家建筑故宫、颐和园与现代的北京奥运建筑鸟巢、水立方，其特点明显有别。服饰文化，如古代的长衫、马褂与半现代的中山装、时装，其特征也迥异。制度文化，如古代的私有经济与现代的社会主义市场经济，古代的包办婚姻与现代的自主婚姻都显示出各自不同的时代性。习俗文化，如庆祝春节的习俗变迁：以前，人们通过祭拜灶神、张贴春联、全家团聚守岁、共享年夜饭、焚香祈福、燃放烟花爆竹、舞狮等一系列丰富多彩的庆祝活动来表达对新年的期待和祝福。而现在，除夕夜，数以百万计的中国民众会收看春节联欢晚会来消磨时间；在大都市，许多人选择去餐厅享用团圆饭；虽然烟花被禁止燃放，但人们可以用"电子烟花"替代；向亲戚朋友问好时，通常不会再行跪拜礼，而更倾向于发送贺卡、打电话、传电子邮件或利用手机短信、微信传递祝愿。这些都显示了随着时间的推移，社会和观念的变化，这些传统习俗也在不断变化、更新，融入了新的时代气息和高科技手段。精神文化，如古代与现代人们的价值观、审美情趣、理想情操等，虽有传承相通的因素，更有明显的差异。语言文化，古代的、近代的、当代的都各有鲜明的时代特色。

4. 多元统一性

民族文化作为一个民族集体创造的文明财富的总和，它不是由单一的文化元素构成的，而是一个多文化元素类聚化的统一体，这个元素结构决定文化具有多元统一性特征。

文化的构建是多元且深层的过程，它包括了四大互相关联但各自独立的子体系部分——物质文化、制度文化、精神文化和语言文化。这些部分既紧密相关也具有独特的特性，无法被其他任何部分所替换或覆盖，它们相辅相成、相互作用，相聚融合成统一体。每个子体系又是由多种元素构成的类聚化统一体，每个子体系的组成元素，如精神文化的观念意识、思维模式、价值取向、心理状态、审美情趣、宗教信仰、道德风尚等，也是既有联系又各具特色，它们也相互聚合成统一体。

作为一种深奥且多元的社会存在，任何拥有漫长历史、庞大人口规模及广袤领土的族群，除了有全体成员共享的主流文化，还有由于社会的构成方式、政治的历史轨迹、地理环境与风貌、民间习惯等因素的影响产生的多种具有各自特点的次级文化。这些多样的次级文化构成了中华民族主流文化的一部分，尽管它们各自具备独特的特性，却仍然受到中华主流文化的引领和规范。所以，中华民族文化或者中华文化实际上是以华夏文化为核心，并包含各类次级文化的综合体。这种综合体的构建随着中华民族的整合进程逐步完成，也是中华民族特性的具体表现。

民族文化是一个具有排他性和包容互补性的统一体。排他性决定了它会排除与它不能类聚的外来文化，保证它的相对独立性和主流地位；包容互补性决定了它能兼收并蓄、取长补短，不断吸收能与之类化的外来文化的精华，使自己繁荣发展、丰富多彩。由此看来，排他性和包容互补性的统一，也是民族文化生成多元统一性特征的因素。

5. 文化的实践性

文化的实践性指的是人类依托自身的能动性进行文化创作、改造、发展等活动。文化的实践性表现在以下两个方面。

一方面，文化源于实践。实践为文化的源头，文化由实践孕育而出。可以说，文化具备实践性。同时，也必须认识到，实践塑造并影响着文化的发展方向，而文化也以其自身的方式回馈和推动实践发展。在这个互动过程中，实践对于文化的指导意义至关重要。首先，人类的实践模式直接影响着文化的本质，其中最关键的部分就是物质生产的模式，这决定了文化的属性；其次，社会的实践架构层级同样决定了社会文化的架构层级；再次，实践的矛盾性和复杂性也决定了文化具有矛盾性和复杂性；最后，人的实践行为不仅表现为一种主动积极的行为，同时也体现了一种客观实质的活动，这种主客观之间的辩证平衡关系也反映在文化之间。

另一方面，文化指导实践。文化和实践之间的关系并非独立存在，而是互相交融并互为因果。实践塑造着文化的发展，同时，文化也推动着实践前进。具体来说，实践具有明显的文化特性，主要体现在三个层面：其一，实践总是发生在特定的文化环境之中，没有这种特定的文化环境支持，实践便无以实现；其二，实践往往受到某种先进文化的引导或启示，若缺乏这些有力的文化指引，实践可能难以为继；其三，人自身的实践活动实际上也是一种文化的表现形式。因此，可以看出，实践与文化紧密相连，它们共同构成文化发展的基石。

（四）文化的功能

1. 文化具有记录功能

文化的记录功能是其比较重要的功能之一。在文字出现之前，人主要依靠言辞来传承知识与技能，这大约发生在农业社会初期，那时候只有言辞作为传递信息的手段——年长者向年轻一辈讲述狩猎技巧、种植方法等生活智慧的同时，也把他们的故事一代接一代地传下去。例如，中国的许多谚语至今仍在使用，它们都是数千年前的人们在日常生活中提炼出的关于大自然的规律及生活体验的精华，反映了那个时代的人们春播秋收的生活史实。因此，语言是文化记录的有力方式。

在文字出现的前期，尽管人类尚未形成系统性的记述方式来传承文化，但他们却有共同的目标：希望自己的行为和经历能够被后代铭记。全球范围内均发现大量早期绘画作品，如用火烤过的树枝、动植物血迹等在墙壁上留下的图像，这些图像生动描绘了当时人们的日常活动和生活环境，让我们有机会一窥远古时期的生活状况。后来，人类发展过程中出现了系统的文字符号，有的写在动物的骨头上，有的写在泥土上，有的刻在墙上。人类从身边的事物开始记载，如古代的甲骨文记载着太阳、月亮、山、水等，古代先祖通过他们的双手给我们留下了大量的财富。之后，人们发明了可以书写的纸，这给文字的发展带来了巨大贡献。关于文字的记录也越来越多，因为伟大先贤的记录，后人才得以见到往日的世界：人们在那时是如何唱歌、如何跳舞、如何吃饭，我们都能清楚了解到，这就是文字的记录功能。

除去语言及文字之外，工具、建筑等物质遗产也记录了当时的文化，包括早期人们用来割肉的手工磨制的石斧，农民们使用的耕地工具，乃至青铜时期的精美青铜器等，每一样珍品都见证并记载了时代的文化演变。同样，万里长城、紫禁城皇家建筑群、莫高窟壁画和都江堰等杰出作品无一不在展示中华民族先民们的辛勤努力及卓越才智，无一不体现文化的记录功能。

2. 文化具有认知功能

在历史的漫漫长河中，文化的形成潜移默化，却又深远地影响着这片土地上的人类，独特的文化对应着独特的思维，在漫长的进化中人们形成了相对稳定的思维方式和习惯，这种定式一代又一代地如同基因一样流传，也在不断地发展。因此，这就赋予了文化强大的认知功能。现代的人类可以通过学习古今中外的各种优秀知识来提高自身能力，甚至在学习前人知识的基础上创造了新的文化、新的历史。从一个人的一生来看，从出生的一无所知，经过学校和家庭的教育，不断地学习各种文化，开始对整个世界有了认知。从社会角度来看，无论古代还是现代，无论贫穷还是富有，任何社会都会把自己的文化继续传播下去，当然也会对文化进行甄选，去其糟粕。文化的更迭给人们带来了新的认知，对整个世界不断形成新的认知。换句话说，数千年来被广泛接受的传统文化的主要作用是认知功能。这些文化如同历史的反射器，使人能够回顾过去，审视现在，展望未来，同时，也为人类在新环境中如何理解世界提供指导。

3. 文化具有传播功能

文化拥有强大的生命力，并通过人们的行动持续地扩散、交换并更迭。在全球化进程中，文化传播发挥了关键性的作用，而这种传播与交互正是推动文化进步的主要力量。若无文化传播，无论何种文化都会失去生气和动能，最终走向灭绝。例如，中国古代的儒学思想受到了国际社会的广泛认可，孔子学院向全球范围内的民众传授着几千年前的孔子智慧，对全球和平、繁荣做着积极的努力。文化在一代又一代人之间、在国与国之间不停地传播交流，跨越了时间和空间。

文字作为一种重要的用于传承和交流文化和思想的工具，在传播文化的过程中起到了关键作用。它的诞生标志着人类社会进步的一个重要阶段——它使得人类能传递知识、经验和生活方式等各种信息，跨越了地理障碍并延续至今。然而，对历史长达数百年的记录与保存则是文字所带来的更为伟大的成就之一：它们不仅使古老的信息得以永恒存在，而且也让我们有机会了解那些消逝于时间长河中的古代人的日常活动及他们的思维模式等。

除了语言文字外，具体可见的实物同样承担着文化传播的重任。中国的瓷器、丝绸从古至今都是世界各国所追捧的文化特产，古代丝绸之路给沿路国家、地区的经济发展带去了春风，同时打破了国界的限制，各国文化在丝绸之路交融，这是人类历史上最重要的文化交流。各种世界性的博览会、体育赛事等也是促进国际间文化交流的优秀桥梁。即便到了今天，仍有众多海外朋友对我国的长城与可爱的国宝大熊猫充满向往之情,这些都是看得见的实体文化传播。

现代互联网的发展给文化的传播带来了空前的效率,从前文化只能在一个国家或者周边传播,远的地区和国家基本互不相知,一些偏远贫穷地区的文化只能在小范围内传播。随着科技飞速地发展,报纸、电台、电视、互联网,信息的传播速度从当初的百年计到现在不到一秒,传播的广度也大大提高。

4. 文化具有价值功能

文化是社会价值选择判断的指针。每个社会形态下的文化不仅仅反映了该社会所持有的"是什么"的价值观基础,同时也揭示出该社会遵循怎样的价值观标准以维持自身平衡并推动其长期进步。在特定的社会背景下,个体通过接受主流价值观的教育和熏陶,以及在与周围环境的互动中,不断地调整自己的思想和行为,直至最后将其转化为自身的价值观和行为模式。文化作为一个固定的价值观框架,使得个体产生清晰明了的价值需求和方向感。同时,人们也会依据这种基本需求和导向标准去评估和评判一个人的价值倾向是积极还是消极。因此,文化充当了社会的"导航"系统,它不仅为人们指明了通往高尚道德的路径,还规范了人们的行为,促使人们的行为更加合理和有序。

二、多元文化的提出、内涵与特征

(一)多元文化的提出

自古至今,基于达尔文的"进化理论",人们普遍认同文化乃是精英阶层活动的一体化体现,并视之为从原始社会向高级社会的演变过程。然而,自 20 世纪 50 年代起,此种观念开始受到挑战与反驳。如今,文化被理解为一种来自各个时代及地域的人群通过各种途径共同创造的行为模式,它的价值在于特定环境下的独特性。因此,这种对文化的认识构成了当代多元文化主义的核心思想。根据多元文化主义的观点,一国之民包括了信仰各异、生活习惯迥然、皮肤颜色有别、言语风格不同的多种族群,他们之间应当互助共存,平等相待。

随着文化的进步和后现代主义的兴起,多元文化已经从理论变为现实,成为社会和政治环境中不可或缺的一部分,并且是国家政策的重要元素。同时,"多元文化主义"也在 20 世纪 80 年代初期的美国首次亮相,并在接下来的几十年里迅速传播到世界各地，尤其是在历史学、教育、文化和社交领域的应用上取得了显著成果。

尽管多元文化的各种表现自古以来就有迹可循，但是其作为一种理论和理念被提出来却是由于社会的进步和社会的发展所致。如果没有全世界的融合发展趋势，多元化的问题就不会有任何讨论的空间。实际上，在全球化时代，每个国家和地区都不同程度地受到文化和种族差异带来的压力与困扰。全球化对多元文化概念提出的影响主要体现在以下几个方面。

（1）由于经济全球化及后殖民主义的状态导致西欧社会发生巨大变革，形成了具有后现代特征的后工业时代。这种后现代性极大地推动了各类"中心论"的瓦解，使得世界的每个角落都被视为同等重要且无法分离的部分，且每个部分的存在都有理可依。一方面，这一变化为多元文化发展释放出空间；另一方面，各种文化意识到除了吸纳其他文化来充实自身外，还需要通过比较分析的方式更加深刻理解自我从而实现进步，为此必须拓宽眼界去了解那些完全不同于自身的其他文化和传统。由此可见，文化多样性发展的问题已经浮现并且逐渐受到了关注。

（2）随着全球化的推进，殖民体制逐渐消亡，形成了全球化的后殖民社会。特别是在第二次世界大战之后，许多国家都在寻找自身文化和身份认同的独特性。例如，为了凸显民族统一性，马来西亚坚定地选择使用马来语作为官方语言。这表明，文化始终朝着多样性发展，而后殖民主义则为其提供了坚实的基础。

（3）随着世界各地物质及精神文明的快速发展，贫困地区的居民不仅能够通过生产活动来提升自己的生活质量，同时也在不断塑造自身的思想观念和生活方式。随着经济发展水平的提高和科学技术的进步，人们之间的交流变得前所未有的紧密。正是这种密集的社会交往，使得一些曾被忽视或未曾广泛传播的小众文化和族群得以逐渐普及，并在社会上获得进一步的发展空间。这无疑促进了不同类型文化的形成与持续发展。

（二）多元文化的内涵

"多元文化"一词是指各种文化和多样化的文化。然而，随着时间的推移和对该概念的深入研究，可以发现这个词汇已不再仅仅代表多个文化，而是经常地作为一种修饰词使用，即"多元文化的"，用于描述各类复杂且多样的文化现象，例如多元文化教育、多元文化传承等。

多元文化的概念已经超越了其原始词义，成为一个更为高级的观念。初始阶段，多元文化指的是不同文化共同存在；后来，这种理解不再局限于简单的多文化共存，而是揭示出它们相互交织、影响的深度关系。最终，这些文化间的互动和影响形成一种复杂的关系，即"同质化"与"异质化"的矛盾统一过程。当多种文化融合以创造新文化时，每种文化都试图在保持自身特性的同时丰富全球文化的多样性。

多元文化是各种不同文化的集合体，它的内涵更为丰富深入。作为一种深度化的特别理念，它是基于众多文化形成的，却又超越了它们。如果只是单纯地把世界上各异的文化排列组合起来，这并不是真正的多元文化，唯有当各类文化因为某些关联或者渠道彼此连接并且产生互动的时候，多元文化才能真正显现出来。多元文化不仅关注全球文化的多样化，而且也看重各个文化间的交流，这种交流可能有益于双方的发展，也有可能产生矛盾和竞争。在多元文化现象中，不同的文化通过融合和对抗创造出全新的文化，这是单一文化无法实现的。因此，研究多元文化的价值并不应该仅仅局限于对多元文化的理解，而是需要考虑其间的关系和由此带来的预期或已有的后果。

要准确理解多元文化的内涵，关键在于把握文化多样性和多种文化之间的关系、影响以及结果。詹姆斯·林奇，一位英国著名的多元文化教育家指出，多元文化是指在特定地域，如行政区、村庄、市镇、国家、同宗教区或全球范围内，多种文化共同存在并存在相互作用的现象。在理解多元文化内涵时，应该着重考虑"多元"这个关键词。

多元文化的理念是对传统单一文化观念的扩展和深化。过去，文化发展往往被理解为是以特定地区、地理位置、社群和社会等级中的某一固定文化为基础发展的。相对而言，多元化强调的是在同一地区的社区、社会组织或社会等级内，多种并存的、互相影响且各有其独特文化特点的文化形式。这与过去的文化形态有所区别，因为它们不仅在空间上有差异，而且在时间上也呈现出共存性。这一理论的出现，进一步揭示了多元文化的丰富内涵。

1. 文化的平等性

多元文化主义认为，社会由多种不同民族和群体构成，社会成分的多元化决定了文化的多样化，每种文化都有独特的价值，没有高低贵贱之分，故而每种文化都应该享有平等的生存和发展权利。

2. 文化的交往性

多元文化的定义是在一个区域性联盟、社会群体以及集团等系统中共同存在的，且在这个系统结构里存在着某种程度的互动关系的文化。交流与互动是形成多元文化的必要条件，同时也是各类文化生存的基石。

3. 文化的差异性

各个族群或者团体经过漫长的历史演进，逐步建立并巩固了自身的文化特征。每个族群或团体的文化都有其独特之处，展现了多元的成长趋势。即便在一个同质性的社群或团队内部，也会因为地域发展程度的差异，社会各类成员在社会角色与功能上的区别，导致文化和自身更新、创新、改革的内在动力存在差别。这会使相同类型的文化在同一个社会内的不同地区、不同社会等级及不同的时间段上呈现出一定程度的差异化，最终形成一种文化的多样化生长模式。

4. 文化的内聚性

在一个统一体中，不同文化能够并行发展，主要归因于它们之间的多样性和相似性，即尽管各有特色，但也有互相学习、交流的可能。因此可以说，多元文化的本质在于为解决多种文化间的互动问题提供了态度与策略。

多元文化并非仅仅涉及文化的丰富性和复杂性，其内涵远不止各种文化的单纯组合，而是包含了更深刻的含义。正如之前提到的，多元文化关注的是不同文化间相互作用的影响。深入理解多元文化后可以发现，这不仅是一种文化现象或者关系的体现，更为我们提供了理解世界事物的理论框架。许多社会活动都与其息息相关，甚至某些事件发生的根源就在于此。人们已经意识到，通过多元文化来观察和解决问题时过程会更加顺畅。因此，多元文化现在被视为一种理论工具，成为解决问题的新视点。

第二节 多元文化的教育价值分析

一、多元文化教育的概念

各学者在不同的文化背景下对多元文化教育的定义有各自独特的方式和观

念，其中一些人强调了文化的丰富性与多样性；一些人侧重于文化差异以及相应的发展规则；一些人更倾向于综合人类学、社会学和心理学等领域的研究；还有一些人更加强调与一些国际组织，包括地方性和民族性组织的观念保持一致，例如在教育学领域，就是突出教师教授什么、学生学习什么等问题。

（一）多学科综合的多元文化教育概念界定

一些专家在多元文化教育领域借鉴了人类学家和民族学家的做法，将文化团体（不同人种、职业、种族、性别）作为研究对象，而不是阶级和阶层。

索尼娅·尼托（Sonia Nieto）是美国的一位文化问题专家，她主张在制订教学策略、设计课程框架、训练师资力量及构建学习系统的过程中，应首要关注各类文化的独特性。无论他们的皮肤颜色、民族身份、性别、年龄、宗教信仰、政治倾向、经济地位或言语背景如何各异，唯有保证所有学生均能平等地获得智慧与心智成长的机会，才有可能有效实现教育目的。此外，文化可以视为一种包含各种元素的综合体，如共同的历史经历、地域环境、语言使用、社会等级和宗教信仰等，这诸多要素共同构成且持续影响着价值观念、风俗习俗、社交准则、社会态度、政治信念和全球视野。

（二）民族学专家的多元文化教育概念界定

美国多元文化教育的权威人士班克斯（James A. Banks）在他的著作中阐述了关于多元文化的定义：这是一种理念和观念，强调所有的学生无论来自何处，身份如何，不论他们是什么性别、国籍、肤色、信仰，都应该享有同等的接受教育的机会。他认为这种理论是学校的基本原则之一，并且呼吁推动这一变革来确保弱势人群获得成功的可能性得到保障。同时他还指出这是一个长期的过程，所有人都能享受到公平和平等待遇的社会环境可能还需要一段时间才能真正到来。

作为多元文化教育的研究者和实践者，班克斯教授从少数族裔及其文化的角度定义了多元文化教育概念，体现了多元文化教育领域内部研究者的独到见解。这种解释方式不仅符合全球范围内多元文化教育的理念，而且也与其他领域的专家在这个问题上的看法相一致。所以，是国际社会较为认可的多元文化教育概念。

（三）教育领域的专家有关多元文化教育概念的界定

历史的进程证明，多元文化教育不是在教育领域首次被提出并受到关注的，而是在民族运动中被最早引入的。所以，教育学领域对多元文化教育的定义不仅与文化和民族学界的定义紧密相连，还从教育学的视角阐述了多元文化教育。

多元文化教育不仅仅是一种理念，还是一种具体的课程设置过程，主要包括：教授学生如何理解并接纳各种文化的不同之处，如民族背景和社会等级差距等；培养幼儿在成长的关键阶段形成责任感，树立公众意识。

（四）中国的多元文化一体教育

中国的教育体系既包含多元文化教育，也包含国家一体教育，并且二者是共同发展的。该体系包括各民族传统教育、国家统一教育以及受全球多元文化发展影响的中华民族多元一体教育。

二、多元文化教育的形成

（一）多元文化教育形成的社会历史背景

三次全球规模的移民热潮促使了多种族群体共存的多民族国家的发展。如今，单一种族的国家已经很少存在。因为各种不同文化背景的人群在同一个国度内共同生活，他们在政治、经济、文化和教育等方面的需求也随之产生。尤其是那些位于主流社会边缘的小众人群，他们对于维护自身语言和文化的意识强烈，具有争取社会政治、经济和教育的权益的自觉性。他们向20世纪初期建立起来的同化主义和社会融合主义的主流思想体系、国家和政策发起了质疑。到了20世纪下半叶，文化多样性开始成为一股社会潮流，进而影响了60年代由黑人领导的民族复兴运动。

美国著名的多元文化教育学者班克斯总结了西方国家民族复兴运动的四个主要发展阶段。

1. 前期阶段

根据班克斯的观点，民族复兴运动往往发生在一个帝国主义、殖民主义推行种族歧视的社会环境下。在这个背景里，因为政治法制的倾向是统治族群，所以少数民族会在诸如政治、经济及文化和教育等方面遭受排挤和打压。然而，当帝国主义、殖民主义逐步瓦解时，那些国家的少数族裔便会反抗这种歧视，要求在各层面享有平等权利和平等的发展机遇。面对来自公众的压力，政府被迫采取一系列改良举措来缓和与他们的关系。

2. 初期阶段

当民族复兴运动处于初级阶段时，首要的是对种族偏见和歧视展开公开化和社会化的探讨，这使统治民族及少数民族之间的群体边界观念得到增强，通常用"我们"与"他们"进行划分。此外，在反抗统治民族的抗议行动中，为了寻找新的族群身份认同，少数民族逐渐形成了一种强烈的民族自尊心。受此影响，他们在追求恢复自身民族历史、语言和文化的道路上，努力将其正当化。然而在此过程中，有时会把自身的民族历史、语言和文化附加一些想象出的元素，并且通过一种片面的视角去解读复杂的社会历史现实，如政治、经济、文化和教育等方面的问题。同时，他们也会过分强调种族主义对于族群关系的负面作用，并将其视为引发矛盾冲突的主要因素。

3. 中期阶段

当进入民族复兴运动的中期时，首要的变化是少数民族对于引发族群间矛盾的关键因素的态度发生了变化——由最初的单因论转向了寻找多元的解决方案。此时民族的消极自我意识有所缓解，少数民族团体的联合行动变得更为明显，会通过更理性的方式来抗议种族偏见和歧视。此外，关于族群问题的研究者也在他们的研究视角或立场上做出了相应调整。早期，虽然部分激进改革派的观念和行为并未得到所有族群问题研究者的认同，但是在公共场合鲜有表态。然而到了这个阶段，随着少数民族消极的民族自尊心的降低，反对种族主义的活动逐步转为理性化，相关学者展开了一系列讨论。这使那些曾经担心自己会被贴上种族主义标签的研究者敢于公开发声，针对种族偏见、歧视等问题在内的族群关系进行了深入探究。同时，各国政府也开始对国内少数民族展现出一定的包容性和妥协姿态，例如准许黑人学生在学校学习关于黑人历史、语言及文化的课程，给予少数民族在升学、工作和担任社会政治机构中的关键职务方面的一些优待，以此增加他们融入主流社会的途径。

4. 后期阶段

在民族复兴阶段后期，前面两个时期的各项变革已经逐渐转化为法律、政策和制度的具体实施，这使社会各领域的政治、经济、文化和教育都取得了显著进步。这种成功激励了除了部分少数族群外的其他社会弱势团体去争取自己的合法权益。这类社会弱势团体包含女性、残障人士等。这些弱势团体的行动与少数民族相互影响,引发了社会及政府的高度关注。因此,社会及政府把这些弱势团体看作一个整体,制定相关法律法规来处理他们面临的问题。例如,在教育的范畴内,有些国家的政府为了照顾到这些弱势人群,特意在学校设立专门的课程,被称为"多元文化教育"。

所以,目前西方国家的多元文化教育主要关注少数民族的教育,同时也包括处于劣势地位群体的教育。

根据班克斯的研究,他把民族复兴运动的发展划分为四个阶段,这种分类方式和韦伯所提倡的理想模型相似。然而,事实上这些阶段并无明确的分隔点,而是相对而言的。下一个阶段并不一定是在前一阶段结束之后才开始,并且各阶段间有可能存在交错的情况。此外,即使民族复兴运动进入了最后阶段,也无法实现它设定的终极目标。因此,可以预见的是,民族复兴运动将会持续很长时间,不断地出现在人类社会中,但每个时期的新兴民族复兴运动都具有差异。尽管如此,从20世纪60年代开始的民族复兴运动对于多元文化的建立及进步产生了显著且积极的影响。

(二)多元文化教育思想形成的理论基础

多元文化教育思想形成的理论基础主要由美国的社会民族理论中的文化多元主义、文化人类学中的文化传承理论与文化相对主义、心理学中的社会学习理论、教育学中的教育机会均等理论所组成。文化多元主义理论是多元文化教育直接的主要理论基础。文化多元主义的代表人物是美国的哲学、心理学教授赫瑞丝·凯伦。文化多元主义认为,在一个多民族国家里,每个民族群体都可以保留本民族的语言和传统文化,与此同时,他们也应该融入国家的主流文化中去。

文化相对主义的代表人物是文化人类学家赫斯科维茨。人类学文化相对主义认为,每个社会和文化都具有其独特的特性,而这些特性是由他们的生存模式决定的。这种观点的核心在于对多元文化的尊敬与包容,寻求各方文化的共同发展。

根据人类学的文化传承理论,社会的代际文化传承不只是在学校进行,更多的是通过家庭和社区活动来实现。

根据心理学的社会学习观点,青少年的社会化是行为模仿的产物。同时,各种社群、学校、社区和家庭独特的文化风格将包含拥有不同信仰、价值观和行为方式的人。

教育学的平等教育观念也是多元文化教育理论体系中的重要组成部分,这里所说的平等教育是指所有人都能享受到平等的教育机会,将所有的知识和信息提供给每个人,不因学生的种族、文化背景、宗教观念或者性别差异等原因而削减或剥夺他们接受教育的权利。这些理论在20世纪60年代形成了多元文化教育思想,并且奠定了其理论基础。

(三)多元文化教育的基本理念

实施多元文化的教育目标在于透过教学改革,特别是在教材上的改良,提升学生的跨文化应对技巧,并帮助他们从不同的视角下审视自身的文化。这使学生能获取对自身及他国的主流价值观和社会所需的基本认知、技术能力和心态等方面的理解。此外,还需要消除因性别、人种或社会地位不同而产生的误解和排斥现象,以确保每位学子享有平等的受教育权利,并且能够感受到学习成功的喜悦。这种多样化的教导模式强调了这样一个观念:无论出身背景如何(如家庭经济状况或者个人身份),所有的孩子都被赋予同样的受教育的机会。以下是对这一观点的归纳总结。

1. 尊重文化的多元与平等

文化是在探索人性、事物、自然和社会等规律和应对策略的过程中,总结并概括出来的思想。由于地理环境、思维模式、历史背景以及观察视角的差异,产生了各种不同类型的文化。从这个观点来看,尽管各种文化有各自的特点,但它们其实不分优劣。多元文化教育的理念主张所有种族的文化都有着同等的教育意义。我们需要尊重各个文化间的平等关系,这不仅仅是一种理论上的理解,更应该体现在实际的教育过程中,包括教材的选择、学习成果的体现等方面都要确保对各类文化的保护和传承。唯有认可不同的文化只是有所区别而非孰优孰劣,才有可能让某一特定文化得以保全并在世间流传。所以,在课程设计中,多元文化课程应当摆脱以主流文化为核心的限制,既要重视主流文化,也要给其他文化同样的关注度和成长机会。

2. 强调文化的整合互动与创新

多元文化教育的实施并非单纯地融合各式各样的文化元素,为了达到有效的多元文化教学效果,必须让各类文化有互动的机会。应该建立起多元文化间的对话、信息传递及整合机制，从宏观角度去观察和吸收各个文化的精髓，包容地区内的文化差异，形成文化间的共识，同时积极应对文化全球化发展。与此同时，要在提升学生的民族自信和自豪感的过程中，让他们接受并尊重不同的民族文化，并在文化互通的基础上推动全局性的和平进步。不过，多元文化教育并不是一成不变地复制文化的过程，而是不断更新和创造新文化的动态过程，特别是会在民族交往过程中寻求文化革新。此外，多元文化教育不仅是一种承载着传统文化的教育方式，更是一种全新的课程体系，即在深入研究多元文化的基础之上，形成具有创新意义的新课程体系。

3. 追求全纳教育的公平与正义

全纳教育和多元文化教育的核心理念在于保障弱势群体获得接受教育的机会，追求社会中每个人都有平等接受教育的权利和机会，强调无论政治、经济、社会地位如何，民族、种族、信仰和性别是什么，个体都能够自由地受教育。这不仅是实现教育民主化的先决条件，也是教育民主化的核心内容。在尊重文化平等的基础上，鼓励并保护不同文化的发展，以确保学生在学校中有权利和机会了解不同文化，这体现了教育的公平和正义。多元文化教育追求社会的公平和正义，通过认可文化平等，传播公平对待各种族、性别、阶层和国家的价值观和理念，培养具有多元文化观念的学生。

4. 提倡个性化教育

作为拥有多民族的国家，中国的学生群体具有丰富的文化底蕴，也存在很多文化差异。从教育的公正立场出发，我们不能让这些差异阻碍他们的学习进程。多元文化的教学方式强调了对这类差异的理解与包容，能以各种视角去审视学生的地域、情感、年纪特征，同时考虑到他们的才能、优势、喜好及目标等不同。我们也应注重保护每个儿童的独特性，强化他们在接受教育过程中所处的中心位置，提升其主动性和自主能动性。倡导激发儿童的学习热情，关注个体发展的平衡，激起他们探索未知的渴望，满足个人全面成长的需求。此外，我们鼓励孩子自主思考，主动寻求资讯，从而达到知识、技能与人格共同进步的目标。这类观念反映到课程设计中就是要求通过构建多样化的课程体系来满足各类学生的学习需求，提供给他们平等的受教育和发展机遇。

多元文化教育的倡导颠覆了传统的民族教学理念，如对知识的态度、教导的方式及社会的看法，并推动了一种新的教学思维模式的发展。因此，学校的目标是通过实施多元文化教育,让来自各种族群的学生不仅能掌握国家的核心价值观,还能了解和接纳社会中其他的文化,增强他们的自我身份认同。

三、多元文化教育的发展

全球多元文化的持续进步给教育研究带来了深远影响。以下是多元文化教育未来发展的趋势。

(一)促进教育从一元走向多元

人类文明的发展进程经历了一个自单一化向多元化的转变过程,然后又进入了多元交互的新阶段。由于教育与政治、经济和文化领域紧密联系,它正承受着全球环境变迁所带来的压力。因此,需要把教育视为促进和平及国际理解的推进器,同时也肩负培育新一代具有民主精神、尊敬他人、包容心等特质的责任。此外,教育不仅仅只是传播文化和传统的价值观念,更要深入了解和掌握文化的连续性和演变特性,从而实现文化的认同。作为一种重要工具,教育可以引领学生欣赏和理解不同文化,促进全人类文化的公平和协调,助力世界的安定与进步。多元文化教育是针对所有学生的规划、课程或者活动的设置,旨在激发文化的多样性发展。这种教育有助于学生提高学习效果,增强对外国文化的认识,目标在于使接受教育的人们首先认知自己国家的文化,进而扩大至周边的国家,最后形成全面的世界观。

自1937年以来,联合国教科文组织通过一系列国际教育会议来强调全球文化的多样化,并表示对其的尊敬,同时注重维护和革新传统民族文化。这反映了国际社会的共同观点和公众对于多元文化教育的态度,即他们一致支持这种做法并且坚决执行相关政策。每个国家和种族都有自己独特的文化教育体系和实践方法,它们都具有各自的特点,为改善、提升和互相学习提供了巨大的潜力。这是教育改革和创新的重要源泉,也是丰富教学内容的宝贵财富。所以,当前的教育应该从中汲取营养,让学生了解世界的各种文化差异,并为此做贡献,以便推动各种文化的繁荣和进步。

(二)促进教育从隔离走向理解

随着人类活动的不断扩展和社会的逐步开放,人类社会进入到一个半开放的世界,实现了全球化的经济发展模式。过去那种自我满足的地方性和隔离状态已经被打破,取而代之的是一种更加多样性的文化和更为广泛的社会互动。各个族群之间的联系日益紧密,彼此之间不再是陌生或独立的存在,而是互相依存的关系。这使人类的视野变得更加开阔,能够站在全新的角度考虑教育的目标——塑造人的品质,能以全新且深入的方式来看待人类的文化及各种不同的民族文化构建出的崭新的世界文化画卷。同时,从文化人类学研究的结果,我们也发现了隐藏于文化差异背后的共性与人文精神,这些都为我们理解和尊重其他种族的文化提供了一份人文主义指引。

教育的发展要求培养出的人能够跨越文化界限,能够与各种不同背景的人群进行交流,能够具备多元环境的适应性。培养跨文化的人才应该从以下几个方面入手。

(1)需要塑造广阔的文化视野。通过对全球各民族文化的介绍,多元文化教育可以扩大学生的文化认知范围,让他们理解和欣赏自己民族文化的历史根源和精髓,同时也了解和欣赏世界文化的起源、演变和核心。

(2)建立包容全球的文化视角。在传授不同种族和国家的文化信息的过程中,不仅要增强学生的跨文化认识能力,也要让学生深入了解自己的本土文化并产生强烈的归属感及自我认同,建立包容全球的文化视角,对各种文化持敬畏、包容和接受的态度。

(3)培养一种积极的跨文化情绪。多元文化教育的进程是一个本土化和全球化感情互动的过程。因此,要重视培养学生的跨文化情绪,让他们不仅不会因为过分依赖自己的民族文化而产生盲目的排斥心理,也不会因为过于欣赏他族文化而表现出崇拜外国的态度,而是要形成自我尊重、自信独立、包容开放、相互尊重的文化观念。

(4)增强全方位的跨文化技能。多元文化教育应该强调培养学生的沟通、互动及理解不同文化的技巧,塑造他们积极参与社会和政治的素质与能力,并增强他们在多元的文化和冲突环境中能迅速洞察文化趋势并相应地调整自己观点和行动的跨文化适应能力。教育可以从选择、整理和重新构建文化入手,从而实现文化的延续和传承;也可以借助传播、融合的方式来影响现有文化的特性、作用,进而产生新颖的文化形态,引领人们突破物质世界的约束和生活界限以获得心灵的解放。所以,现代教育肩负着空前的文化责任。促进全球文化的进步是多元文化教育的核心任务。

（三）促进教育从封闭走向开放

就国际层面来看，为了突破文化的界限和处理文化间的问题，人类经历了三个发展阶段：第一阶段是以强调民族优势为主导的同化教育，这种教育主要关注的是种族主导，旨在整合现有的所有文化以适应一贯的原则；第二阶段转向包容所有文化和多种文化共存的一体化教学，这个阶段更注重种族多元，这时候的教学观念也是一套基于接受各类型文化的多元化教育观；第三阶段是鼓励各类文化交互作用的多元文化教育，这种教育更加侧重于种族互动，是一套旨在理解多元文化关系的基础上，促进各个文化之间的互相联系、彼此渗透及影响的教育方式。多元文化教育的发展轨迹其实就是社会文化进步的历史线索以及现代社会中的文化平行交流和平等对话的关系体现，也是从区域性的教育行为走向全球性的教育行为的过程，也同样是从单一的文化导向教育转型至多元文化导向教育的过程。所以，面对新世界的格局，我们需要再次审视主流文化教育的起源和终结，直面其存在的问题，满足多元文化社群的需求，确保来自不同文化背景的学生都能获得好的学业成绩。

目前，随着国际经济发展及文化交融速度的加快，不同的文化之间的联系变得更加紧密且复杂。因此必须从一种超脱文化隔阂的角度来看待它们，即从更大的格局去审视它们的丰富性和独特性，也应该从全新的角度去培育拥有包容、尊敬、大度态度且坚持公平正义的人类成员。这种理念就是"多元文化"教育观所提倡的内容：多元文化教育试图打破地理疆界与文化边界的藩篱，直面因自身特性引发的社会交往冲突问题，并将其视为文化多样性发展的动力；多元文化教育基于对不同文化的相互尊重与交流，旨在促进不同文化间的理解与平等对话，强调文化间的互动；多元文化教育通过对跨文化人才的培养，推动世界文化的进步，促进人类和平事业的发展。历史表明，人类只有具备了更广阔、更开放的视野，才能了解全世界各民族在各时代中相互影响的程度及其对人类历史进程产生的重大影响；人类也只有具备了宽阔视野以及更强的跨文化适应力，才能促进全世界范围内各民族的和谐相处和共同进步。

第三节　多元文化的园本课程开发价值

多元文化在园本课程开发中的价值体现在以下多个方面。

（1）促进文化多样性和包容性是多元文化园本课程开发的价值之一。以下是可采取的方式：①深化对于文化多样性的理解；②培养包容心态；③增强跨文化沟通能力；④促进社会融合；⑤激发创新和创造力；⑥培养全球公民意识；⑦构建积极的文化身份；⑧促进平等和公正；⑨培养适应性。通过以上方式，有助于幼儿成为自信的全球公民，为构建包容、和谐、多元的社会做出贡献。

（2）建立文化认同感和归属感在多元文化园本课程开发中具有重要体现。主要体现在个人社会化、心理健康和社会和谐。幼儿通过参与文化活动，如节日庆典、手工艺、音乐和舞蹈，逐步了解并欣赏不同文化，培养文化自豪感，尊重文化多样性。教育过程中，幼儿学习如何在多元文化环境中交流互动，增强归属感。教师和家长的支持对幼儿克服文化障碍、自信成长至关重要。最终，多元文化教育帮助幼儿建立文化认同和归属，学会在多元文化世界中与不同文化和谐共处，为成长为有全球视野和社会责任感的公民打下基础。

（3）培养跨文化交流能力是园本课程开发的关键策略，其策略包括理解文化差异、增强学习适应性、提升语言技能、增强文化敏感性、掌握沟通技巧、培养开放性思维、践行相互尊重、培养批判性思维和提供实践机会。这些实践和策略帮助幼儿在多元文化环境中能有效沟通，培养对不同文化的理解和尊重，为成为全球公民打下基础。

（4）在园本课程开发中，多元文化教育旨在激发创新思维和解决问题的能力。它通过开阔视野、促进思维多样性、培养适应性、增强批判性思维、激发创造性思维、学习协作解决问题、培养文化智能、提高解决问题的灵活性、鼓励风险承担和促进持续学习，帮助幼儿发展多元文化环境中有效行动的能力。这种教育丰富了幼儿的知识体系，并为他们在全球化世界中的沟通、协作和创新提供了工具和方法，为他们的未来学术和职业生涯打下了基础。

（5）在园本课程开发中，多元文化教育通过提供实践和体验机会，帮助幼儿深入理解多元文化价值。幼儿通过参与文化节日、制作手工艺品、烹饪、学习语言、角色扮演、参加文化交流项目、实地考察、社区参与和跨文化团队合作等活动，锻炼动手能力、语言技能和团队协作。并设置反思和讨论环节，以促进幼儿对体验的深入理解。这些经验培养了幼儿的沟通、协作、批判性思维和创造性解决问题的能力，为他们成为多元文化世界中的全球公民打下基础。

（6）在园本课程开发中，多元文化教育致力于促进社会团结，包括增强社会凝聚力、减少文化隔阂、培养共同价值观、促进平等和包容、提高社会适应性、强化社区联系、共同应对全球化挑战。这种教育为建立和谐、包容的社会打下基础，对幼儿成为有自信的全球公民至关重要。

（7）在园本课程开发中，多元文化教育旨在培养幼儿成为能够欣赏、保护和发展本国文化，同时理解和尊重其他文化的全球公民。在传承和发展本国文化方面，具体包括认识文化根源、保护文化遗产、激发文化自豪感、促进文化创新。在此基础上，让幼儿认识文化多样性，增强适应性，进而推动文化交流，促进文化反思，培养文化责任感，使幼儿建立文化自信。

（8）在园本课程开发中，多元文化教育旨在提高教育的适应性和灵活性。这种教育模式能认识到每个幼儿都有独特的文化背景、学习风格和需求，能够为幼儿提供必要的技能和知识，使他们能够在多元且不断变化的世界中成功地生活和工作。

（9）在园本课程开发中，多元文化教育旨在培养幼儿的责任感和公民意识。通过学习不同文化的价值观念和伦理原则，幼儿能够分辨是非善恶，能够树立正确的道德观念，能够培养社会责任感。这种教育不但关注幼儿的个人发展，也强调他们作为社会成员的角色和责任。

第三章
幼儿园园本课程内容与组织

第一节　幼儿园园本课程内容概述

一、幼儿园课程内容的特征

（一）幼儿园课程内容观

在不同的幼儿园课程内容观的指导下，对幼儿园课程内容的概念界定也不同。根据学前教育的特点，一般认为幼儿园课程内容观包括三种形式，即以知识为中心的静态形式、以活动为中心的动态形式和以生活为中心的动静融合形式。

1. 静态的课程内容观

核心思想：课程内容主要以固定的信息、信息系统以及信息的视角来展示。从某种程度上说，课程可以理解为教育的规划或者策略，涵盖的内容是文字性的，如"课程内容就是教材"等，实际上是一种基于学科导向的教育观念。

评估：这种课程内容观有利于教师把握教育进程，有利于教师进行教育教学评估，但是它与现代教育观不符，在一定程度上忽略了幼儿的身心发展规律，因此其存在状况逐渐式微。

2. 动态的课程内容观

核心思想：课程内容是由幼儿的喜好驱动的，并且通过活动的形式展现出来。从某种程度上说，"学习就是活动""学习就是体验"，这意味着学习的素材，也就是课程内容是在不断变化并且持续更新的，如"学习的内容实际上就是现实生活中发生的过程"。

评估：活泼生动的课程能够激起幼儿对学习的热情，提升他们的实践操作技能，积累实务经验，同时还能把幼儿的非认知元素（例如爱好、需求、动力、情绪、个性等）融合在一起，让他们能在"亲身经历"中学到东西。但是这种方式很难让幼儿全面理解深奥的理论知识，因为上课时间有限，幼儿以活动为基础获取直观认识的方法效率较低并且花费时间较长。如果忽视基础知识的教育，过于注重表面化的活动，那么这些形式主义的行为可能影响教育的品质。

3. 动静融合的课程内容观

核心思想：课程内容以生活为中心，以动静融合的形式呈现。在一定意义上，"教育即生活""生活即教育"，生活是幼儿的学习内容。鉴于学前教育的独特性质，动静相结合的幼儿园生活教育受到越来越多的关注。在辩证唯物主义理论的引导下，科学合理的课程应该既包含动态元素，也包含静态元素，而且静态和动态应该是相互融合的。

评估：编写幼儿园课程，必须考虑幼儿的心理发展顺序、知识和经验基础以及他们的接受能力，从而恰当地安排动静课程的比例。考虑到幼儿的思维特性，学校需要调整教学内容的呈现方式以适应他们的需求。一般随着幼儿年龄的增长，应该减弱课程内容的动态性，增强课程内容的静态性。年幼的儿童难以长时间保持专注力，因此教学方式应该更加生动有趣、多元化。随着儿童的成长，他们的自我管理和控制欲望的能力有所提升，这时可以适当引入更多的静态元素。关于动静比例的选择，还需要根据各学科的特质来决定，比如一些纯粹的理论知识或者绝对的事实，就不适合通过互动的方式传授给孩子。

（二）幼儿园课程内容的概念

课程内容是幼儿园课程内容的上位概念，我们首先要明确何为课程内容。在教育领域，关于课程的内容并没有固定的标准，不同领域的学者对其含义持有各自独特的理解。例如，在《课程理论——课程的基础、原理与问题》一书中，作者施良方认为："课程内容是指各门学科中特定的事实、观点、原理和问题以及处理它们的方式。"而在《现代课程论》这部作品中，靳玉乐则认为："课程内容是作为符合课程目标要求的一系列比较规范的间接经验和直接经验组成的用以构成学校课程的文化知识体系，课程内容是课程的主体部分。"另外，在全国12个重点师范大学共同撰写的《课程论》一书中提到："课程内容是根据课程目标，有目的地选择的一系列直接经验和间接经验的总和，是从人类的经验体系中选择出并按照一定的逻辑序列组织编排而成的知识体系和经验体系。"

在学前教育界，有些学者将课程内容看作是一系列比较系统的直接经验和间接经验的总和，例如，陈文华在《幼儿园课程论》中指出："幼儿园的课程内容就是以培养幼儿健全人格、促进身心全面和谐发展为目标而选择和组织的能够帮助幼儿获得有益经验的一切幼儿园课程因素的总和。"王海燕在《幼儿园课程》中指出:"幼儿园课程内容是根据幼儿园课程目标,有目的地选择的各种直接经验和间接经验的知识与活动体系。"除此之外,还有学者将课程内容看作学习者需要学习的基本知识、态度、行为等,例如,以冯晓霞为代表的幼儿园课程理论研究者认为:"幼儿园课程内容指的是根据幼儿园的课程目标和相应的学习经验选择的、蕴含或组织在幼儿的各种活动中的基本态度、基础知识、基本技能和基本行为方式。"以虞永平为代表的幼儿园课程研究者将幼儿园课程定义为:"幼儿园课程内容是指依照幼儿园课程目标选定的通过一定形式表现和组织的基本知识、基本态度、基本行为。"《幼儿园教育指导纲要》(以下简称《纲要》)的第二部分"教育目标与内容要求"指出:幼儿园教育的内容是广泛的、启蒙性的,可以相对划分为健康、语言、社会、科学、艺术等五个领域,也可做其他不同的划分。《纲要》对幼儿园教育内容进行了划分。李生兰在《幼儿园课程新论》中指出:"幼儿园课程内容,主要表现在健康、语言、社会、科学、艺术五个领域;各个领域的内容是相互渗透的,共同促进幼儿知识、技能、能力、情感、态度等方面的发展。"

综上所述,幼儿园课程的内容范围相当广阔,基于对多种观点的深入研究,本节把幼儿园课程定义为:幼儿园课程内容是依据幼儿的学习目的而选择的、以不同方式展示并组织的基础知识、基本观念及初始行为。为了更深入地理解幼儿园园本课程的核心意义,我们有必要掌握以下几个关键点。

1. 幼儿园园本课程的内容与教学目标息息相关

幼儿园的课程内容是达成教学目标的媒介和方法,它与教学目标有着密切的联系。教学目标引导着课程内容的选择和组织,而这些内容必须为实现教学目标服务。

2. 幼儿园园本课程的内容是通过各种活动形式表现和组织的

幼儿园的各类活动是课程内容的主要表现形式:一方面,在各种活动中,幼儿能接触到不同的课程内容,通过参与获得学习经验,促进个人的发展;另一方面,通过组织不同形式的生活活动、游戏活动、区域活动、集体教学活动等,确保幼儿园课程内容具有系统性和组织性。幼儿园的课程内容并非零散、累积、碎片化的,而是相互关联、有序组织、协调一致的。只有具备系统性和组织性的课程内容,才能确保幼儿全面成长。

3. 幼儿园园本课程的内容应该涵盖基础知识、基本观念和基本行为三个主要方面

无论把幼儿园课程的内容理解为教材、学习活动还是学习经历,在决定课程内容的性质时都应该全面地权衡各个因素并选择最佳方案。此外,根据儿童的认知心理学,他们的认识过程包括了感情、思维和运动技巧等多种元素,为了满足这一需求,幼儿园课程需要覆盖到知识、观念和行动这三个方面。

二、幼儿园课程内容的范围

幼儿园课程内容的范围是指幼儿园教育课程的核心要素或者基本构成部分,也就是那些对孩子发展有益的基础知识、基本态度和基本行为所涵盖的部分。

(一)基本知识

具有多种价值的知识能协助幼儿更深入地理解自己所处的社会生活状况,从而推动他们的身体与心理的健康发育。知识作为智力进步、技能提升及情绪态度塑造的基础要素,其重要性毋庸置疑。如果没有知识的支持就去讨论助力孩子的成长,无疑是一种荒谬的行为。因此,我们不能忽略基础知识在教育体系中所发挥的作用。所谓"基本知识",就是指对周边环境(也包含自我)的基本且必要的认知。

> **专栏 3-1　基本知识**
>
> 生命活动必需的知识,如与幼儿的健康、安全有关的知识。
>
> 有利于幼儿解决基本的生活、交往问题的知识,如基本的社会行为规则、规则的意义等。
>
> 帮助幼儿认识自己生活环境的知识,如在自然和社会环境中常见物品的名字、特性,以及幼儿能够掌握的物体间的联系等。
>
> 为将来学习系统的学科知识打基础的知识,如基本的数、量、形、时间、空间概念等。
>
> 为成长为未来社会的高素质公民奠基的知识,如简单的环保知识等。

在对待基本知识时,要注意避免走向两个极端:一方面是过于注重知识。这种情况下,会强调死记硬背的方式,同时忽视幼儿的兴趣和需求,强行灌输幼儿很难理解或掌握的知识。即使幼儿能够记住这些知识,但由于缺乏理解,

无法进行应用,很快就会忘记。这样的知识不仅不能促进幼儿的发展,还会给他们带来学习压力,减少学习兴趣,打击学习自信。另一方面是忽视必要的知识。这种情况下,课程内容的选择完全取决于幼儿的兴趣,将"兴趣"误解为"学习兴趣",混淆了"虚假兴趣"和"真实兴趣",过度依赖吸引人的教学环境或手段激发幼儿的兴趣,忽略了幼儿对知识的兴趣。既不考虑幼儿应该学习什么知识,也不考虑如何帮助幼儿整理、扩充、提升他们自然的、零散的日常经验。

(二)基本态度

态度构成行为动机,影响人的行为。态度一般指对人、对事、对己的一种倾向性。"基本态度"代表了作为社群一员所需具备的心理特质,如情绪和性格特征。"态度"不是通过教师教授学会的,而是在参与各种活动的过程中逐渐形成的感受,更像是一种潜在的学习材料。然而,这并不意味着幼儿园教育无法对幼儿的态度产生影响。根据已有的教学法则,可以挑选有吸引力又适合基础心态的内容来设计课程。幼儿园课程应该能激发儿童的好奇心、自尊自信、责任感、归属感和对他人关爱、友善、尊重及同情等基本态度。

> **专栏3-2 态度形成的基本途径**
>
> 心理学研究表明,态度一般通过三种基本途径形成:
>
> 一是环境的同化作用。周围人对某事的评估会不知不觉地影响幼儿,使他/她也持有同样的观点。
>
> 二是经验带来的情绪反应。对让自己感到快乐和满足的事物产生积极的看法,例如喜欢;而对于让自己感到困扰的事物,则会产生相反的看法,比如厌恶。
>
> 三是理性思考。一旦个体明确了解并且深刻领悟某一事物的实际意义或者特定的行动方式,就会基于此种认知产生"喜欢"或是"厌恶"的情绪反应。

(三)基本行为

行为是由思维驱动的动作体现,人类始终处于运动状态,这既是人类存在的形态,也构成人类的成长过程。"基本行为"涉及的是有关主要活动的策略和技术，也就是所谓的做事的能力或者是程序性知识。幼儿的自理能力、体能训练、玩耍、观察、交谈及探究等日常事务中都蕴含着一些关键的方法和技巧，比如社交互动的能力、语言使用的能力、问题处理的技巧等。指导孩幼儿学习这些基础的行为模式，有助于孩子更顺畅地参与到日常生活中。

三、幼儿园课程内容的三种价值取向

教育理念决定了人们对于教育的整体理解，体现在制定与选定教学策略及执行教学任务的过程中。课程的内容可以归纳为三个主要导向：知识导向、社会导向和人本导向，这三种导向分别会对课程内容的挑选产生不同程度的影响。

（一）知识导向：课程内容即教材

基本观点：在以知识为中心的教育目标观下，课程内容被视为教材，体现了以学科为中心的教育目的观。

代表性人物：扬·阿姆斯·夸美纽斯、赫尔巴特和布鲁纳等，如夸美纽斯从"把一切事物教给一切人"的泛智教育论出发，提出了涵盖各种知识领域的教学大纲。

对幼儿园课程内容选择的影响：在选择幼儿园课程内容时，一方面，需要重视基础内容的重要性，确保所选取的教育素材是经过严谨审核的，包括精心挑选的基本概念与技巧，并将其纳入教案、教学纲领及课本中；另一方面，这些基础知识和技术需要能够同时体现出人类文化的精髓部分，并且符合儿童未来的社交生活的需求。

评估：这种以教材为核心的知识导向价值观具有其独特的优胜之处，至今仍在课堂中被使用，然而它的缺陷也是显而易见的。它的优点在于考虑了各学科领域的连贯性和体系化；基于教材导向，教师和学生能够清晰地理解并评估教育的具体内容，这使得课程教学有了依据。其缺点在于过于重视学科系统，可能存在知识更新不及时和忽略学生的需求等问题；由学科领域的专业人士设定好的课程内容也暗示着只有他们才了解教师"教什么"和学生"学什么"。

（二）社会导向：课程内容即学习活动

基本观点：社会导向的价值取向倾向于把教学材料视为学习的焦点，而非仅仅停留在知识传授上，更注重学生实际操作的能力和社会实践的关系。它对"课程内容即教材"提出了质疑，认为这样的理念过于侧重教授孩子基础知识及技巧，却忽略了幼儿自身的学习体验和积极参与的过程。

代表性人物：英国教育家阿弗烈·诺夫·怀特海，他指出："教育只有一种教材，那就是生活的一切方面。"我国教育家陈鹤琴提出的"活教育"，其中"做中学、做中教、做中求进步""大自然、大社会都是活教材"，反映的也是这一理念。

对幼儿园课程内容选择的影响：幼儿园课程编制者在确定教学内容时需要考虑到两个方面：一方面，应该设计和组织多样的活动，让幼儿在活动中探索和发现；另一方面，要注意使课程内容贴近社会生活，这样有助于让幼儿接触社会、了解社会，并初步学习一些与他们自身生活密切相关的知识和技能。

评估：在幼儿园课程编制中，社会导向的价值取向相对中、小学课程更容易被幼儿园接受和采用，有其自身优势，但也存在明显不足。优势在于，该方法重视课程和社会环境之间的关联，鼓励幼儿积极地投入学习的过程中，并倡导他们通过实践来获取知识。此外，这种方式还强调课程和实际活动要紧密结合，认为只有这样的学习才是有价值的，能激起儿童的热情。不足之处在于，虽然这类活动看起来可能会非常生动有趣，但实际上它们并不一定能够让儿童真正理解所学内容，也无法触及他们的内心世界，更不能体现出他们在学习过程中的真实体验。它的缺陷主要体现在，过于侧重儿童的外部行为表现，忽略了他们如何吸收和消化课程的内容，未能揭示他们的经历是怎样形成的；过分看重外部的活动效果，轻视系统的学科知识的学习，缺乏深入研究的态度，使得活动很容易变得空洞无实质，进而影响教育的效果。

（三）人本导向：课程内容即学习经验

基本观点：人本导向的价值取向将课程内容看作学习经验，并以儿童在学习过程中的体验为基础来挑选和安排课程内容。课程内容即学习经验，是一种建构主义的观点，学生能否完全掌握教材的内容，主要依赖于他们的内心建构，只有通过学习才能获取知识，而非仅凭教授就能完成；教育素材的选择应该基于儿童的意愿，而不应该是被某个特定领域的专家规定。

代表性人物：泰勒。他认为，课程内容即学习经验，而学习经验是指学生与外界环境的互动过程。他主张，"教育的基本手段是提供学习经验，而不是向学生展示的各种事物"。学习是由学生自身的积极行为所驱动,其成功的关键在于他们自身的行为选择,而非依赖于教师提供的教学材料或者提出的任务要求。

对幼儿园课程内容选择的影响:确保教材的内容能适应儿童的成长特性,这样才能让儿童在实际操作过程中吸收这些知识,也就是说,在选定教科书的时候,必须全面考虑到儿童的喜好、需求和技能水平。课程编制者需重视创造适合儿童的生活环境,并鼓励他们从实践中学到新知。例如,基于皮亚杰建构主义理念的教育计划和教程就展示了这种教学方式的选择,其核心在于让儿童在互动的环境下获取经验和建立知识体系,而非单纯地传授特定的知识点或者制定一般性的活动规划。

评估:在幼儿园课程编制中,这种取向有其优点和缺点。其优点在于:重视学生作为积极参与者的角色,把他们视为学习过程的核心力量,而非由教学大纲决定他们的学习成果;同时,也注重学生与外界环境之间的互动关系,教师的主要任务就是创建适合学生能力和兴趣的环境条件,从而让每个学生都能获得有价值的学习经历。其缺点在于:由于学习经验是由个人主观感受构成的,无论是课程设计人员还是教授人员都无法完全掌握其精髓,这可能导致课程内容过度宽泛,进而使得学校的课程始终由学生主导,被他们所控制。事实上,过多地关注学生对提升教育质量并没有显著的效果。

总结来看,设计儿童学前教育的课程时,应考虑其与儿童成长特性的适合度、与现实生活的联系程度以及基础知识的涵盖度等因素。这些因素间并不会产生冲突或者互相抵触,而是依据不同的教学理念,通过处理问题时的差异化来实现三者的协调。所以,在决定或安排儿童的早期教育课程时,需要综合运用这三种视角,互为补充,在科学知识、实践操作和体验经历等方面寻求均衡。

四、幼儿园课程内容的制约因素

(一)社会因素

社会进步对幼儿素质成长的普遍期望是幼儿园课程内容选择的实际依据。特定的社会生产力发展水平和状况、政治经济体制、社会思想观念等,都为幼儿的素质成长设置了不同的标准。

（二）幼儿的身心发展规律与需求

幼儿的身心发展模式、程度和需求，都在一定程度上影响着幼儿园课程的设计。选择幼儿园课程内容时必须考虑到幼儿的身心成长水平和发展规律和发展需求。

（三）科学文化知识

知识是课程内容的核心元素，所以在选择幼儿园课程内容时必须考虑人类科技文化知识和技术的特性及其发展趋势。

第二节 幼儿园园本课程内容的选择

课程内容设计的一大难题就是课程内容的选择。在这个充满科技创新的世界，科学和技术不断进步，产生了大量的新知识，并且这些新知识还在以前所未有的速度被替换，以供学习的教科书也越来越繁杂。因此，人们不得不再次思考一个问题：哪些知识更有价值？

实际上，不论怎样去构建或挑选教学材料，都需要考虑学科、学生和社会这三个元素及其之间的关联。也就是说，学科（知识）、学生与社会构成了选择教材时所依赖的基础。然而，长时间以来，知识导向、社会导向以及人本导向分别持有不同的看法，并通过不同视角解释了教育内容的功能、构造、含义以及价值观，从某种程度上限制了教材的选择范畴。尽管这三种观念并不完美，但也能为制定一套完整的教育计划提供一些启示。幼儿园阶段的园本课程应该具有多样性，并且应该遵循知识、儿童和社会的互补平衡原则，如此一来，它才能够容纳更广泛的内容。

关于课程内容的选择原则，各个时代的专家根据各自视角对这个问题作出的解答各有千秋。拉尔夫·泰勒提出了五项基本准则来指导教材挑选工作：为了实现某个目的而提供的经验应该让学生有机会在实际操作中实践该目标蕴含的行为；通过这种活动可以达到的目标应该能让参与活动的个体从中得到成就感；这些被推荐的活动应当是在他们个人能力的范围内所能完成的事物；多个特殊经历可能都能达至同样的教导效果；类似于这样的特定事件往往会有多种结果出现。塔巴从学校的社会功能、社会需要、学习者和学习过程、知识和学科的性质等方面提出"内容的有效性和重要性；与社会现实的一致性；广度和深度的平衡；提供广泛的学习目标；考虑学生经验的可习性和适应性"。谢夫勒认为用最低的成本获取最大的满足感是课程内容选择的基本原则，并由此划分了三种经济方式：教师劳动和教育资源的经济方式；学生努力的经济方式；学科内容概括范围的经济方式。巴恩斯提出以下九项应该被纳入考量的内容：符合学生的认知水平；遵循学校的教育理念及价值观，并依据学科内容来制定教学流程；通过对预备知识点和技巧的研究来确定活动的选取和设计；采用逐步深入学习的策略；活动必须围绕目标展开；需要让学习过程充满变数；学习者应对不符合现实情况的问题作出解答；提供交流和写作的空间，以便学生能够自我反省和吸纳新知；从已知的领域出发，探索未知的领域。

回顾教育内容的选定过程，自20世纪初期至20世纪50年代末，再至20世纪70～80年代，它经历了一系列历史变革——从科目教学转向日常生活的体验学习；从普通的生活实践回归科目的研究领域；探索体系化教育并朝着单一智能导向转变为对人格特质及情绪等多元化的关注。所有教学的内容都是处于潜在的变化状态之中，它们有可能成为新的未知领域的拓展或创新形式。然而不同价值观下的需求决定了人类如何去获取教育材料。所以对于承载教育教学任务的目标而言，幼儿园使用的教材应该怎样挑选是我们要思考的关键问题所在。

一、引导幼儿从生活世界中发现、探究问题的内容

"人"是万物的根源。自人踏入这个世界以来，就创造了充满智慧的世界。在这个过程中，他们的生命力持续地被激发，生命轨迹不断延伸，生存价值也在不断地扩大和深化。从诞生到成长再到发展，人类逐渐形成了一个完整的个体，这个个体立足于宇宙之中，并存在于生命的源头之上。这种多样化的生活环境为人类提供了丰富的物质资料。杜威曾说："生活世界中的所有一切都从生命出发来结成一种关系网，因此，感性个体才在周围的一切中直观到生活和精神的具体表现。生活，个体独特的生活构成了个体的生命的世界。"换句话说，没有了生活就没有了人，没有了人就没有所谓的"教育"。生活世

界是一个非课题的世界,在胡塞尔看来,"非课题的世界"与"自然态度"有关,是将现实世界的存在看成一个毋庸置疑的、不言自明的前提,而"生活世界则是一个始终在先被给予的,始终在先存在着的有效世界,但这种有效不是出于某个意图、某个课题,不是根据某个普遍的目的。每个目的都以生活世界为前提,就连那种企图在科学真实性中认识生活世界的普遍目的也以生活世界为前提"。生活世界是一个基础性的世界,对于生活世界的探究必须以生活世界本身为基础;生活世界是一个直观的世界,"直观"意味着日常、非抽象。

生活世界可分为日常生活领域和非日常生活领域。通常来说,日常生活代表个体再生领域,而非日常生活构成再生或类再生领域。赫勒认为,"工作"是划分日常生活和非日常生活的一个关键范畴,诸如"人"既指个人又指人类,"工作"这个词也具有双重意义,"一方面它指特定类型的日常生活,另一方面它指直接的类的活动"。他指出,日常生活中包含三层结构,第一,基于个体的生命延续目标而展开的生活资源获得和消耗的行为;第二,通过日常语言交流并建立于亲情和自然感情之上的社交互动;第三,伴随各类日常活动的日常思维过程。日常教育的本质在于,它是人在日常交际中展现出的一种依赖于日常习俗来完成的活动,它的特点包括传统性、自在性和异质性。传统性使得日常教育相比起科学领域的教育更能体现各族文化的独特之处;自在性是因为它紧密联系到人们的实际操作;异质性则体现在日常教育中的各个组成元素之间的多样化。反观非日常生活,它涵盖了那些旨在维持社会再生产或类的再生产的所有活动。这分为两部分,一部分是以组织化的或大型的社会活动为主导,另一部分则是明确的人类精神创造和日常生活领域。它的特点在于创新性、自我性和同质性。尽管两种不同领域的教育行为对人类发展的影响有所差异,但它们都具有重要的价值:其中一种主要涉及人们的基本生存需求,即日复一日地过着普通生活并从中学习成长。这是个人从自然状态转变为人际关系的重要阶段的基础步骤之一,也是能够真正融入社会的必要条件。所以,个人的社交能力和个性是在每日活动中逐渐形成并且得到完善的。

日常生活与非日常生活的划分,为我们审视教育活动提供了别样的视角,也为幼儿园园本课程内容的选择厘清了思路,即要深深扎根到幼儿的实际生活中的每一个细节里。这是因为虽然学习可以激发人们对于生命的认识,但幼儿正处在一个尚未完全发育的阶段，他们无法长期沉浸在学校知识的学习之中或者过分专注读书而不理会周围的事物；相反，他们的成长发展更依赖于自己所经历的环境中的各种体验及挑战，这些都源于他们在自身生活的环境下主动寻找答案的过程。实际上幼儿的天性和好奇心驱使他们总是充满活力且勇于面对新的事物：无论是花朵、树叶还是石头、小动物或是饮食起居等一切事物都能成为儿童热情参与的目标所在，因此幼儿园的课程选择应该立足于这种自然状态下的行为模式，让幼儿亲身感知这个世界并在其中寻求解答的方式方法，从而更好地把握学习的本质含义。

二、尊重幼儿兴趣，发展幼儿个性，促进幼儿学习富有乐趣的内容

人们常说，兴趣是最好的老师，是行动的动力，但兴趣是什么，对于多数人来说，它只是一个模棱两可且难以捉摸的概念。从心理学的角度来看，兴趣可以被划分为两个方面：一方面指个人对外部对象的选择倾向，这是注意力的内在倾向；另一方面则可以通过外部行为来判断，例如，如果存在多种可能的事物供个人选择，那么某个特定事物的吸引力会格外明显，这便是一种推断方式，认为他对这个主题有浓厚的兴趣。提到兴趣就会想到动机，尽管兴趣和动机有所不同，但是它们之间有着相似之处。它们的共同点在于都是驱动个人行动的内部因素，其区别在于：虽然动机推动着人朝向某个目标前进，但因为并非所有人都一定会实现那个目标，所以动机不一定能得到满足。相反，兴趣被看作是对动机的引导。

在课程学中，泰勒指出，兴趣即"学习经验必须使学生由于实践目标所隐含的那种行为而获得满足感"。同时，杜威把兴趣融入与其相关的令人愉悦的活动当中，并将其中的喜悦分类：一是成功带来的快感，如胜利或进步都能感受到这样的快乐；二是在合理兴趣中出现的快乐。另外，还有一种是由互动引起的，不是通过参与活动来感受的快乐。由此可见，第一种是来自活动自身的功效，而第二种则来自活动环境所产生的愉悦情绪，也就是外部刺激导致主体对某些事物产生兴趣进而带来快乐的感觉。因此，我们得出结论，选择合适的课程内容至关重要，只有这样才能激发儿童的好奇心和求知的欲望。因为幼儿身心发展尚未成熟，所以他们的兴趣容易受到外部环境和外部事物的影响，这些兴趣是多种多样的，如对谈话或沟通的兴趣、对质疑和探索事物的兴趣、对

创造或组织的兴趣、对艺术表现的兴趣等。在多种兴趣的推动下，幼儿对新奇刺激感到好奇，积极探索，在探索过程中成为知识建构的主体，自主打造自己的知识体系，主动塑造自己的个性发展轨迹。因此，像杜威所说的那样："儿童本身是非常积极的，教育的关键在于抓住他们的活动并给予指导。通过有组织地引导，他们将朝着有意义的结果前进，而不会变得散漫，或者任由冲动驱使。"

幼儿园教育内容的选定应该体现出对幼儿的兴趣爱好、个人特点及整体平衡发展的重视。只有这样，所挑选的教育内容才能满足幼儿的需求并尊重他们的个性和独特潜力。这样的教学方式不仅可以增强他们的学习积极性，同时也能有效地实现我们的教育目标。根据幼儿自身的喜好来确定教学主题，让他们在生活中探索、理解和实践这些知识，从而转变他们的外部兴趣成为内部兴趣，把想象中的兴趣转化为实际的兴趣。为了保持这种"内化"和"真实性"，教师的工作是创造适合的学习环境，给予幼儿足够的机会去提问、思考和尝试解决问题，组织那些能引起他们内心真实兴趣的活动，鼓励幼儿在与人交往中发挥自己的能力，如独立性、毅力、自信心、勤奋精神等，发掘每个幼儿的优点，让他们都能感受到成功的喜悦，形成各自不同但又丰富多彩的性格特质。我们不能仅依赖炫目的手法或者工具来引发短暂的热情；也不能通过对一些问题保持沉默、嘲弄或是呵斥等方法削弱幼儿的求知欲和好奇心；更不能让幼儿在一个单调乏味的教学环境中失去自己的特色。总之，幼儿的学习经历实际上是一个他们自己做出决定并内部化这个决策的过程，因此幼儿园应该基于他们的爱好和需求去设计园本课程，旨在促进他们的个人成长。

三、体现幼儿所在家庭、园所、社区文化，选择富有教育意义的内容

对于校园内的教育项目设计来说，可选取的内容范围非常广阔，不仅要关注儿童的生活环境及他们的个人爱好，还需要考虑他们生活的地方（如学校、社区）的文化和传统，这是由于这些文化与传统包含了人类的知识与理想。同时，校园内教育的目标是在符合校方理念的基础上创建并发展的，旨在塑造独具学校风格和特色的教育项目。因此，对园本课程内容的选择需要充分考虑到这一点。

幼儿园本身的文化是其内在实力的具体表现。同时，也在推动家庭、学校及社区之间的交流与协作。这是一种多方共同参与并协同完成的项目。在课程内容的挑选过程中，不同社区和家庭的独特文化资源和环境对学校的决策会产生重大影响。因为教育的核心部分受到外部环境的影响，每个孩子的进步都需要依赖特定的文化背景和社会关系，所以在制定课程内容时需要根据自身的教育目标，考虑到服务的人群，以彰显所处的环境特征及其资源。此外，还应该重视家庭、学校和社区文化的整合，注重孩子在家中的生长过程、在学校的学习经历，以及在社会的成长历程。学校要把能让孩子体验日常生活的家庭元素、具有教育价值的内容，以及能够凸显幼儿园特点和使命的文化融入课程当中；也要关注幼儿热衷的社区活动和文化现象，将其纳入教学计划。通过这样的方式，可以让幼儿更深入地了解他们的家庭、学校和社区，让他们更好地理解自己的角色和生活，从而增强他们关爱他人、团队合作和人际交往的能力。

四、体现多元文化特色的内容

众所周知，在漫长的岁月中，人类创造了各有特色的民族文化，并共同构成了丰富多彩的世界文化。我们国家有着深远的时间与空间历史，这使得我们的国家存在 56 个不同的民族及他们各自独特的经济发展模式和生活方式；同时这也为各类文化的共生繁衍提供了条件——它们在这里生长并且不断壮大。随着全球化进程加快，多元变得越来越重要，对这一现象，幼儿园的教育体系已经做出积极响应，它正在打破现有的界限以适应这个多元的时代需求。在传统观念的基础上，我们需要吸收更多元化的文化和知识来源——包括不同的民俗习惯、地理位置，和社会等级等元素。这意味着学校的教育计划应该从多个角度出发，鼓励所有幼儿能够接受、认识并且尊敬这些多样性的存在，并在教学过程中融合各式各类的多元视角及思维方式，同时也要教授孩子关于人类社会的复杂性和独特之处。换句话说，就是要把这种思想融入幼儿园的基础建设当中，尤其是在内容的挑选上要体现出这个原则，即不能仅仅局限在单一的社会背景或者某个特定的群体上，而应该全面展示世界丰富多彩的一面。这样可以让幼儿的视野更加开阔，让他们更深入地学习中国的传统文化及其他国家或地区的文明成果，从而增强他们的国际意识和人文素养。

第三节　幼儿园园本课程内容的组织

若把内容视为课程发展的核心因素，或是将其类比为课程成长的心脏，那么，选择合适的课程内容就如同供给心脏运作所需的养分一样重要。但这并不意味着这些养分会自动传导至心脏，它们需要经过特定的路径和方式来实现。收集到的各类课程内容无法直接同实际的学习者建立紧密关系，只有将其整合到课程的发展中，形成一种互相强化的结构或者体系才可以，也就是我们说的课程组织。

一、课程组织的含义

尽管"课程组织"是一个较低层次的教育概念，但是其作为一种引发教育效用的基本过程，仍然得到了众多专家和学者的关注与研究。一般而言，课程组织涵盖的内容非常丰富，不仅包含了课程内容的组织，还囊括了教育教学流程的组织。在此，我们将重点放在课程内容的规划上（即课程内容的组织）。实际上，关于课程组织的理解很大程度上依赖于如何界定课程。如果将课程视作某一特定领域的专业知识，那么课程内容的组织就会按照该领域的知识体系和结构进行设计；如果将课程当作一项整体性的计划，那么课程内容的组织就需体现此项计划的系统性和结构性；再者，如果将课程视为一系列实践经历或者活动，那么课程内容的组织就需要考虑这些实践经历和活动的筛选和组合方式。课程之父拉尔夫·泰勒认为，课程组织是"把学习经验组织成单元、课程和教学计划的程序"。他强调，这种定义首要说明了课程组织的主题是学习内容；同时明确了课程组织的形式是单元、学期和教学方案，并且通过一定步骤对课程进行了整理。然而，20世纪30年代，受经验主义哲学、完形主义心理学和改造主义哲学等的影响，斯基尔贝克等提出："课程组织是将构成教育系统或学校课程的要素，加以安排、联系和排列的方式。这些要素包括一些一般因素：教育计划与方案，学习材料，学校器材与学校设备，教学力量的专业知识及评估与检查体系的要求等。"这一概念不仅强调了学生全面发展的需求，注意个性化，同时也考虑了校内环境、社会影响、家长参与度、教师教导方式等多种组织因素,是一种基于学习体验或学习活动的课程设计。

综上所述,幼儿园课程内容的组织应该是一个包括知识、经验和活动的整合体,也是对各个构成元素的学习者、教师和教学环境的适当配置和管理。这些因素中,学生作为最重要的驱动力来源,他们的身体发展程度、兴趣需求、学习特性、行动模式等都能够直接或间接地影响到课程设计的成效;而教师则是决定课程设计流程和方向的关键力量;同时,教育场景也为课程设计的实施提供了必要的物理条件和资源。知识、经验、实践以及学生、教师、教育环境等多个方面共同构建了完整且有效的幼儿园课程建设体系。所以,如何平衡这几种关系以实现它们的协同作用,成为组织幼儿园课程内容的核心挑战。

二、幼儿园园本课程内容的组织原则

1949 年,拉尔夫·泰勒在《课程与教学的基本原理》一书中提出了具有代表性的课程内容的组织标准:第一,连续性,指"直线式地重申主要的课程要素";第二,顺序性,强调"把每一后继经验建立在前面经验基础之上,同时又对有关内容作更深入、更广泛的探讨";第三,整合性,指"课程经验的横向组织"。以此标准为鉴,结合校本课程实践,总结出幼儿园园本课程内容的组织原则。

(一)连续性与顺序性

连续性的概念主张垂直组织核心教学元素。这个主张基于儿童身体、心理成长的需求,选择关键的学习元素作为主线,让儿童在不同的学习时期不断练习特定的课程要素,逐步扩展他们的知识领域,深化他们对事物的理解。幼儿园自主研发的园本课程旨在促进儿童的个性和整体发展,因此,课程内容的组织应该努力消除可能阻碍这种进步的一切障碍。促进幼儿个性的全面及和谐发展,能让他们真正融入大自然和社会之中,从而有充分的机会去感受、探寻其内在秘密,并持续领悟其中的快乐,以此来提升他们的各项技能。而顺序性则意味着需要根据认知规律对选择出来的课程内容进行排序,即按照从简单到复杂、从容易到困难、从具象向抽象、从已有经历转向新的学习经历的顺序依次展开,后续的课程内容应该基于前面的教学内容建立起联系,后学的课程内容将已学习的知识点扩展和延伸到未来学习的知识点,这样才能实现课程内容的有效组织。

（二）生活化与游戏化

生活元素构成教育的源头，不断为其供给养分并孕育出教育的初始阶段，支撑其持续的发展；教育是生活意义的展现，生生不息地传递和建构着人的生命价值。教育离不开生活，就像鱼不能离开水一样。所以，幼儿园园本课程的内容应该以生活为中心来安排，让教育融入生活，使生活充满教育内涵。教育生活化意为把有教育价值的生活素材引入教学体系内，将幼儿的日常生活中符合其经验的知识和内容都纳入课程组织的结构中并加以统整，强化教育和生活之间的关系，增进教育同自然、社会及家庭的交流互动，消除其中的隔阂，让教育能再次融入感性的、具体化的、实际存在的、动态变化的幼儿生活中，真正使教育回归失落的家园。生活教育化表示在日常生活中，需要把幼儿已经掌握的原始生活经验系统化和条理化，使得它们更加完善且充实，从而更有效地推动幼儿的成长。这样一来，教育就有了生活的含义，反过来，生活也具备了教育的特性。

同时，游戏作为生活的重要组成部分，也是幼儿最重要的活动方式之一，在实施教育生活化、生活教育化时，也需要给游戏赋予真实的内容。所谓游戏化就是指利用幼儿喜欢的、有趣的游戏模式来推进教育教学工作的有序运行，促进幼儿的全面发展。从幼儿的角度来看，游戏最大的作用就在于帮助幼儿了解自身、他人和自己所在的社会环境。在这个过程中，幼儿可能会幻想或者模仿，甚至创作出一些看起来并不寻常、并非真实的场景，但这是正常的，既能满足幼儿的需求，还可以使幼儿与周围的人建立联系，提升他自己的认知水平和精神境界。因此，游戏是幼儿的主要生活方式，生活化和游戏化则是幼儿园课程内容的基本准则之一。

（三）统整化与弹性化

"统整"一词指的是综合、合并及一体化，也就是形成单一实体的过程。课程规划中的统整化是指把两个或者更多的学习主题或是体验结合到一起，从而构成一个有意义的整体。

此种方式重视课程元素间的横向连接，目的是消除由于学科划分导致的信息零散、独立无依的状态，使幼儿能够更有效地理解和掌握他们所学的各个知识点，并对这些知识有全局性的认知和掌握。毕竟幼儿是身心发展的统一体，它对外界的反应是以"整体"形式呈现的。因此，应该重视幼儿园课程内容的结构性和一致性，强调课程内容与儿童学习经历的横向联合，寻找儿童思维、情感、意志行为的协同配合和深度融合，以便促进儿童的全方位、均衡成长。课程组织的弹性化，意味着在对课程内容进行组织时应具有一定的灵活性，因为幼儿园的特色课程是在遵从全国教学大纲的基础上，依据所在地的历史背景、文化和价值观、学校理念、设施资源、学生生理特征等方面因素设计的。多样化的素材要求相应的灵活多样的课程组织模式与其匹配。在此过程中，教师面临许多无法预测的变量，因此必须根据具体情况、地点和人物来调整教学方式，以适应不同的需求。要学会观察儿童的兴趣所在，抓住关键给予适当指导，并且利用各种形式的活动和渠道为他们提供教育。这意味着教师应该具备敏感的洞察力，能够精准分析问题，同时也要懂得判断形势，从而做出合适的教学决策。

三、幼儿园园本课程内容的组织形态

（一）按学科领域组织

按照学科领域组织课程内容是课程内容组织中较为常见的一种，它是"课程即学科"定义的解读和运用，是将课程内容按照其自身的性质和内在逻辑划分为若干学科或领域，并以此为单位组织课程的方式。2001年的《幼儿园教育指导纲要（试行）》就对幼儿园的教育主题进行了大致分类，包括健康、社交、科技、语言及艺术五个主要领域。

按照学科领域的结构安排教学内容有利于儿童系统地吸收知识，也有利于基础理论和技术技巧的习得，这是因为把知识划分为不同的类型，既能提供一个体系化的框架来构建和规划知识，还能提供对社会、物理环境和生命科学的基本体验、探究方法及认知手段。然而，过度强调学科间的界限可能会无意中切断儿童的完整知识和经历，这在某种程度上有悖于儿童的成长特性，也忽略了他们的个人爱好和需求。所以，在幼儿园层面，以学科领域划分校园内的教育资源应适度，不宜太集中。

（二）按主题方式组织

"主题"是一种重要的教学内容结构化手段，它代表了课堂上特定时间

段内需要探讨的核心议题。通过深入研究这些核心问题和相关事件，学生可以从中获取全新的、全面的且有连贯性的知识体验。而按主题组织课程内容，则是指围绕某一中心话题及话题的相关事件，选取相应的课程资源来组织课程的方式。这种方法主要选择与该主题相关的教育素材，如科学领域的相关内容、文本资料、儿童日常生活中遇到的事件和社会现象等，将之组合成一体，以一个核心主题为基础，对儿童的学习经历进行综合整理，构建一个统一体。可以说，主题是一种勇敢挑战传统学科体系的方式，其目标在于实现教育的连贯性和一体化，寻求主题网络内的各种活动之间的联系和协调，并致力于促进儿童思维方式、情绪反应和行为习惯的协同发展。同时，以主题为中心，从整体考虑课程的安排，从课程目标出发关注幼儿的全面和谐发展，有利于同时在各个层面展开各种活动，实现多层次综合功能的发挥。

"主题"是一种具有价值观倾向的组织架构，它的主要特性通常隐藏在各种问题、现象或事件之中。由于设计者与组织者的观点各异，他们对主题会有各自独特的解读和诠释，进而构建出多样的主题网络。所以，从幼儿园的角度来看，若是以主题的形式来设置园本课程，则首先需要决定活动的主题。依据儿童现有的学识、经历、喜好、兴趣、年龄特点等因素，自由挑选并编排各类主题，进而依据教师和幼儿的深度交流来挑选并产生独特的主题；同时，也应该基于幼儿园及教师的实际状况选择和决定合适的主题。也就是说，在选择主题及相关内容时，首先必须具有一定的组织原则。其次是构建主题活动。这涉及主题信息的收集、梳理和策划等各个方面，主要解决的是主题内容的设置问题。再次是制定主题策略。例如活动的计划安排，环境的设计，教导方式和教学技巧的选择，教育工具的配置，主题网络中的各类疑问、状况和事件的合理安排等都是重要的环节。最后是对主题活动的优化。设计或编写的主题活动能否达到预期目标、是否有益于儿童发展，都将在这一过程中经过多种方式来验证，并在一边实行一边检查、一边实践一边反省的过程中逐渐完善。需要强调的是，儿童当前的发展程度决定了对主题的选择，而儿童的持续进步又影响着主题的确立。儿童不仅是主题活动的发起人、设计者和推进者，同时还是主题活动的参与者、发展者和完善者。

第四节 基于多元文化的园本课程开发

当前，我们生活在文化多样化的环境中，各种新的文化和思想层出不穷，使得人们对于文化的理解得到更深层次的拓展。因此，在构建幼儿园自身的教育体系时，也需要主动吸收多种文化元素，以增加课程内容的广度，并大力推动文化教育的创新发展，从而确保幼儿能够获得全方位且综合性的进步和提升。

随着学前教育改革的大力推进，幼儿园在其常规教学活动中对园本课程的发展投入了大量的精力。借助这种方式，可以更充分地展示学前教育的特点，提升并丰富幼儿的知识与经验，从而增强教学效果。所以，根据时代的进步方向，我们应该进一步强化多元文化和思想在园本课程构建过程中的应用，开拓可用资源，以达成预期的课程建构目标。

园本课程的设计需要考虑地方文化、外来文化和地区经济等多方面因素，以突显幼儿园的特色。这也是提高教师素质和园所质量的有效方法。从多元文化的角度来看，园本特色教育需要教师引导幼儿了解当地民族文化特色，培养他们对本民族文化的认同感。同时，也要以客观、公正、开放、包容的态度对待外来文化，帮助幼儿初步了解不同文化并形成初步的文化认知和判断力。在园本课程的开发中，要妥善处理地方课程和园本课程之间的关系，以发挥园本课程的真正价值，促进幼儿全面发展。

一、多元文化融入幼儿园园本课程开发的实践意义

在幼儿园的教学实践中，将多元文化融入课程具有重要的意义和价值。首先，这样做有助于满足《幼儿园教育指导纲要》的要求。随着幼教改革的不断推进，幼儿园应该展示教育的特色，拓展教育资源，使幼儿园的教育价值得到充分体现。通过有效融入多元文化，可以使幼儿园的课程更加丰富，为幼儿提供更广阔的发展空间，实现最佳的教育效果。其次，多元文化的融合有助于传承和发展文化。随着各国之间的交流日益紧密，我国的传统文化也受到冲击。通过将多元文化有效融入课程开发，可以避免文化的流失，促进文化的长久发

展。最后，这样做有助于幼儿的多元化发展。传统文化与课程开发的良好结合，使幼儿接受了多元文化的熏陶，形成了良好的个性品质和行为习惯，对幼儿的终身发展起到重要的指导作用。

二、园本课程开发的误区

当前，许多幼儿园在设计本园的园本课程时，对于教学内容的定义、构成元素和基础原则理解不足，错误地把园本课程看作是开展特殊教育的手段，认为只需制作相关教科书就足够。他们在执行过程中并未充分利用理论知识，也没有建立完善的园内课程管理体系，导致这些课程只有形式而无实际价值，有时还可能违反儿童身心发展的自然法则，走入误区。

在园本课程开发中，首先需要明确幼儿园课程的基本概念——它是一种以活动形式存在的教育方式，旨在协助儿童获取有价值的学习体验并推动他们的身体及心理健康发展。其次要理解构成课程系统的元素，包括教学观念、课程框架、学习目标、主题内容、执行策略、评测标准以及一些相关的产品或结果，例如教材和辅助材料等。最后，还要熟练运用制定这些因素的方法和原则。因此，为了实现幼儿园自身的课程建设，幼儿园必须明晰需要处理的问题，并对教师提供适当的课程构建训练，从而提高幼儿园课程的教育质量。

三、多元文化融入幼儿园园本课程开发的实践路径

（一）关注文化内涵，凸显课程价值

在开发园本课程的过程中，需要突出文化内涵，实现多元文化与幼儿教育特色的持续融合，从而使园本课程的开发更具价值和意义。

例如，"侨文化"可以在教学过程中融入课程建设中。教师应该以尊重历史与文化的理念来执行各种活动，设置诸如"音乐舞蹈""地方风情""电影艺术"之类的主题。通过这些主题活动，和幼儿一同探索学习内容。在课程构建时根据幼儿的当前发展需要、年龄特征及个人喜好为各个阶段的内容制定合适的框架。

（二）展现文化特色，提升本土价值

在开发园本课程的过程中，我们应该结合当前幼儿园已有的教学内容。通

过这种方式，不断提升幼儿教育的整体质量。此外，资源的开发也会对幼儿的全面成长产生积极影响。

例如，幼儿园可以在确立主题后，积极创建各种独特的文化区域如"巧手美食""手工作坊""绘声绘影"等。在这个过程中，教师可以提供素材及设备来指导幼儿利用当地资源参与到课程中去，使用各式各样的工具创作出具有独特文化的艺术品。

（三）品味文化差异，体现资源价值

在园本课程中融入多元的文化元素，能为教学内容的创新带来独特魅力。因此，在开发过程中，学校应主动扩展其范围，并深入探讨不同文化间的差异。这样可以引导幼儿以尊重和理解的方式看待多元文化，从而使这些文化能更好地体现出它们的价值。

例如，当我们将饮食文化融入教育环境时，可以利用美食节活动，把各式各样的佳肴带进幼儿园。如炸春卷、腊肉等，让幼儿进行品尝、比较，并说出他们最喜欢的食物。另外，还可以预备好所需的食材，鼓励幼儿参与烹饪过程。

总而言之，在当前多元文化视域下，幼儿园需要深入融合多种文化元素，并积极推进其在园本课程上的应用，这对于提升课程内容质量至关重要。通过深度挖掘文化底蕴，展示独特文化特征，体验不同文化间的异同，可以有效提高课程研发的效果，从而促进幼儿教育的进步与完善。

第四章

幼儿园园本课程实施

第一节　建构主题式课程四大内容

幼儿正处于探索世界的阶段，这个阶段对于幼儿的教育来说是非常关键的。幼儿园在设计园本课程时，首先需确立主题课程目标，然后根据该目标实施相关课程内容，以下是以传统节日、本土文化、民间游戏、经典文学四大优秀传统文化为主题进行的课程内容设计。

一、活灵活现——传统节日主题课程

中华民族的历史源远流长，延续至今，形成了一种珍贵的精神文化财富。幼儿园按照实践顺序组织了一些关于传统节日的活动，见表4-1。这些活动的开展使得幼儿能够获得积极的心理感受，提升他们对本国文化的喜爱程度，进而增强他们的自尊心及对国家的忠诚度。

表4-1　传统节日教育的内容安排

月份	传统节日主题课程	教育内容
二月	1. 红彤彤的中国年 2. 喜气洋洋闹元宵 3. 娃娃逛庙会	1. 感受春节的喜气、习俗 2. 知道元宵的含义，制作灯笼、赏花灯 3. 传承逛庙会的传统习俗，感受民间的传统特色
四月	逢清明·话清明	1. 祭拜祖先的传统 2. 制作清明团，品尝清明果 3. 踏青感受春天的美景
六月	端午民俗乐	1. 端午的来历 2. 吃粽子 3. 观赏赛龙舟等活动
九月	中秋月儿圆圆	1. 了解节日的由来 2. 讲讲中秋的故事 3. 了解做月饼、吃月饼、赏月的习俗
十月	我和爷爷奶奶一起过节	1. 了解重阳的来历，知道老人为我们所做的辛苦事情 2. 学习有关老人节的儿歌 3. 爱家里的老人，为他们做力所能及的事
十二月	冬至	1. 冬至的由来 2. 吃饺子、麻糍等传统饮食 3. 了解冬至的意义、渊源

（一）"红彤彤的中国年"主题课程

春节期间的民间习俗具有丰富的内涵与多样的表现方式。我们的目标是延续这些传统习俗的核心价值，并通过举办各种精彩纷呈的活动来实现这一目标。依据儿童的年龄特征及成长阶段，我们设计了一套名为"红红的年""甜甜的年""快乐的年"系列主题教学活动。此外，我们也策划了一个大型的"红彤彤的中国年"新春庆典活动（图4-1）。这个活动包括三个部分：美术创作区、食品制作区和娱乐互动区，幼儿自由挑选自己感兴趣的项目，充分发挥他们的才华，体验成功带来的喜悦。

春节的记忆，幸福的味道　　　　　　　　　DIY新年创意秀

美工坊：（11选3）		美食汇：（6选2）	
1.龙腾虎跃DIY	小一	1.水果串串	小一
2.年年有鱼DIY	小二	2.杨梅馃	小二
3.张灯结彩DIY	大一	3.饺小玲珑	小厨房
4.妙笔迎新DIY	大四	4.团团圆圆	小四
5.纸上添花DIY	大四	5.浓情蜜意	大一
6.四季常青DIY	中八	6.白云朵朵	小五
7.一结同心DIY	小三	游戏馆（5选2）	
8.甜甜蜜蜜DIY	小四	1.舞龙灯	外操场
9.步步高升DIY	小五	2.套套乐	外操场
10.神采奕奕DIY	大二	3.古装秀	内操场
11.金鸡报喜DIY	大三	4.警察局	大六
		5.实幼好声音	多功能厅

图4-1　春节活动节目安排

（二）"喜气洋洋闹元宵"主题课程

红红火火过大年，欢欢喜喜闹元宵。在红红火火过新年时，大家也满怀喜悦地迎接着元宵节。在这个重要的节日来临之际，我们幼儿园开展了题为"喜气洋洋闹元宵"的活动：大班进行"舞龙舞狮"，中班进行亲子"制作灯笼"，小班进行亲子"制作元宵"，全园举行亲子"猜灯谜"等一系列丰富多彩的节日活动（图4-2）。幼儿不仅在门厅里表演舞龙舞狮，还在各个班级中穿梭，脸上洋溢着一种喜庆、自信的感觉。通过各班的元宵节主题教学活动，让幼儿对我国传统节日有更深入的认识，增强了他们对中国传统文化的热爱。在热闹喜庆的氛围中，儿童也从元宵节中感受到了快乐。

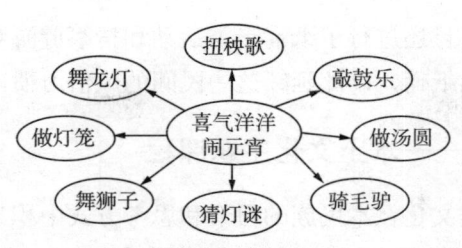

图 4-2 闹元宵主题脉络

(三)"娃娃逛庙会"主题课程

为了使幼儿能够更深入地接触中国的民间传统,理解和欣赏地方特色文化,幼儿园特别举办了一场名为"娃娃逛庙会"的活动。舞龙灯、扭秧歌、划旱船,地方文化吸人眼球;捏面人、赏刺绣、做面具,地方民俗妙不可言;品麻糍、吃糖果、尝麻糖,地方美食让人流连忘返。

在活动中融合了游戏、交易和互动元素,幼儿扮演着店主、店员以及普通市民的角色,在幼儿园精心设计的庙会游戏中,体验到了独特的乐趣。

(四)"逢清明·话清明"主题课程

清明节这个传统节日包含着对逝者的哀悼和缅怀之情。我们特在以清明为主题的教育活动中(表 4-2),通过学习其历史背景、聆听"介子推"的故事、诵读古代诗歌、观赏《清明上河图》以及参与家庭风筝制作等活动,让幼儿全面地认识并体验到这一独特的节日文化。

表 4-2 清明主题活动安排

活动一:清明的来历	活动六:古诗《清明》
活动二:制作小花	活动七:清明上河图
活动三:扫墓	活动八:制作纸鸢
活动四:儿童公园踏青	活动九:插柳
活动五:制作清明果	

在大班举行的清明主题晨会上,全体学生齐声朗读《清明》这首古诗词;并邀请一名家庭成员和孩子分享关于介子推的历史故事及清明节的相关传统习俗。当幼儿园的学生聆听古典乐曲、观赏江南舞蹈时,他们被这美妙的氛围深深吸引住了。而中班的孩子则通过吟唱《村居》与《我的风筝》这两首诗歌来

表达自己的情感,并且还进行了纸鸢走秀活动和猜筝谜游戏。最终,他们在操场上放飞自己喜爱的纸鸢,以此延续这一民间的风俗习惯。

二、乡音乡情——本土文化主题课程

本土文化是各类文化在本民族的习俗和思考方式中积累的成果,它是本地独特的一种文化表现形式。设计本土文化主题课程是激发儿童对家乡的理解和热爱的关键途径。此处以东阳某幼儿园开展的主题课程为例。

(一)"精工细雕'赏'起来"主题课程

作为中国的木雕圣地,东阳以其卓越的民间手艺闻名于世,被称为"国之瑰宝"。将主题课程安排在木雕工艺区(表4-3),为的是让幼儿更深入地了解、欣赏东阳木雕特色。通过采用"引进来,走出去"的方式,引导幼儿到中国木雕博物馆游览,领略其中的全球顶级作品;邀请木雕师傅担任教师角色,向幼儿传授木雕制造技巧,同时鼓励他们亲自动手实践;寻找身边存在的木雕制品,阐述它们的高超技艺;亲自探访周边的木雕工厂,目睹初期的雕刻步骤;教授基本的窗框、花卉、动物及故事类木雕图样设计的知识,从而使本地木雕艺术深深烙印在幼儿的记忆中。

表4-3 "东阳木雕城"活动安排

活动一:参观中国木雕博物馆	活动五:设计《窗格》
活动二:谈话"你家的木雕宝贝"	活动六:木雕的制作过程
活动三:走访木雕厂	活动七:版画《山水》
活动四:欣赏《牛腿》	活动八:线描《花鸟走兽》

当孩子参加了由幼儿园安排的关于传统的木雕艺术的学习后,他们对于家庭中的这类艺术作品产生了更强烈的兴趣。与此同时,他们把在幼儿园里学的十二生肖和木雕技术结合起来,这使得他们在传承中国传统文化的同时,更加喜欢并欣赏这些本地的木雕制品。此外,他们还愿意向伙伴展示他们的成果,并且敢于与他人沟通。这种活动不但提升了孩子的口头表达能力及自信心,同时也强化了他们对当地文化的理解,从而获得一种积极的心理感受。

（二）"美食小吃'品'起来"主题课程

为了让孩子了解东阳本地的美食文化，"民以食为天"的理念被幼儿园融入到了"东阳美食"活动中。在家长义工的指导下，孩子们亲手制作美食并品尝，他们感到非常开心。

（三）"童声欢唱'嗨'起来"主题课程

早期的人类文明中，最先出现的是口述艺术的形式。通过代代传承而保存下来的经典作品中就包含了民歌与民谣，它们构成了我国的文化遗产。为积极拯救和维护当地传统文化，幼儿园教导孩子学习东阳语，使用本地语言诵读民谣，以本地方言吟唱歌曲旋律；让他们进入社区中心，聆听由当地艺术家讲述的民间传说，欣赏他们用东阳语表演的说唱剧目，同时鼓励孩子去尝试这些内容，获得更多收获（表4-4）。

表 4-4 "东阳民间歌谣"主题活动安排

第一周	民间歌谣：《斗鸡鸡》	第四周	民间歌谣：《一粒星》
	民间故事：《卖赌方》		民间故事：《东阳幽和义乌寻》
第二周	民间歌谣：《萤火虫》	第五周	民间歌谣：《麻雀娘》
	民间故事：《熟火腿》		民间故事：《五将造对联》
第三周	民间歌谣：《东江桥》	第六周	民间歌谣：《塞籽歌》
	民间故事：《老爷赔雨伞》		民间故事：《行酒令》

三、戏里戏外——民间游戏主题课程

全国各地遍布着各种充满生活色彩且形式多样的传统游戏，展现了浓郁的乡情。为了鼓励孩子参与这些活动，幼儿园开展了"我运动·我健康·我快乐"主题课程，积极组织他们参加各类富有特色的室外娱乐项目，如斗鸡、扔沙袋、骑马、跳绳等。教师将传统游戏进行改良，以更容易被孩子理解的方式来推动他们的身体发育，并持续提升孩子的体质。此外，幼儿园还举办了"童声·童趣·童玩"的传统儿歌比赛及"玩中学·玩中乐·玩中成长"的民间益智游戏，这既可以提高孩子的口头表达能力和思考力，也能让他们学会如何与小伙伴协作，从而培养出乐观向上的精神风貌。

（一）"我运动·我健康·我快乐"主题课程

让孩子在体育游戏（表4-5）中领悟各种道理，比如在跳皮筋游戏中学会融入集体，在跳房子游戏中懂得尊重游戏规则，而在斗鸡游戏中培养竞争意识。体育游戏对孩子的成长十分有益，各种动作游戏如揪尾巴、跳房子、骑大马、丢沙包等有助于锻炼孩子的身体素质，促进幼儿身心健康发展。

表 4-5 传统民间体育游戏内容安排

年龄段	传统民间体育游戏内容
小班	钻洞、推车轮、网鱼、拍球、揪尾巴、骑大马
中班	老鹰抓小鸡、丢沙包、跳房子、踩高跷、滚铁环、跨大步
大班	斗鸡、打陀螺、舞龙、踢毽子、跳皮筋、掰手腕、打弹弓

（二）"童声·童趣·童玩"主题课程

在幼儿园的童谣游戏中，教师选择了一些大家都熟悉的《丢手绢》《木头人》《炒黄豆》《城门几丈高》《唐僧骑马》《找朋友》《拉大锯》等歌谣，让孩子们在唱玩的过程中充分享受游戏的快乐。其中童谣和游戏相结合，不仅锻炼了孩子们的口语交际能力，还能使孩子们充分感受到独特的语言编排形式和中华民族语言艺术的魅力。

（三）"玩中学·玩中乐·玩中成长"主题课程

日常生活中，经常能看到各种富有生活色彩且风格迥异的娱乐活动，尤其是那些有益于开发大脑的游戏（表4-6），它们对于推动儿童身体和心理的健康发育起到了无法忽视的作用。为了激发孩子的兴趣并提高他们的学习能力，幼儿园设计了众多既有趣又容易学习的益智游戏，例如对弈格、挑棒子、挑花绳、抽陀螺、纸牌接龙、东南西北等。孩子们在参与这些益智游戏的过程中，能够相互配合、共同学习，从而培养出友善待人的良好习惯；还能学会如何处理与人交往中的问题，懂得自我调节情绪及行为，这不仅有助于提升孩子的社交技巧，也有利于锻炼他们的思考能力和身体的健康发展。

表 4-6　民间益智游戏安排

名称	材料	玩法
对弈格	象棋、围棋、五子棋、飞行棋	寻找自己的好伙伴在安静的地方进行对弈，并遵守各自的游戏规则，轮流下棋，直到一方胜利
挑棒子	一捆细细长长的棒子	随意将棒子竖直散开，幼儿小心地挑出棒子，要求不能使其他棒子动，动则输
挑花绳	绳子	将绳子套在手上编出各种形状，如床、筷子、方块
抽陀螺	陀螺、鞭子	尝试用鞭子抽陀螺，进行观察，如陀螺为什么越抽转得越快
纸牌接龙	纸牌	用纸牌进行排列，排列到相同数字的纸牌收回，比较谁的纸牌较多

四、古色古韵——经典文学主题课程

作为中国文化的精华部分，古诗词体现了中华民族的人文精神与优良品质。为激发儿童对古代诗歌的学习兴趣并领略其独特韵味，幼儿园设计了一系列如"经典故事我来演"及"诗词歌赋我来学"的主题课程，旨在通过新颖且多样化的教学方式使孩子能够亲身感受古诗的美妙之处及其蕴含的伦理价值。

（一）"经典故事我来演"主题课程

故事具有生动形象的特点，对于 3～6 岁的幼儿来说，它更容易被幼儿领悟和接纳并引发其情感的共鸣。为使孩子心灵纯洁且富有智识，老师将一些适宜于孩子的经典故事进行了挑选整理：如《司马光砸缸》《郑人买履》《守株待兔》《拔苗助长》等，然后引导孩子根据这些内容以自己独特的方式去表现它们。希望借此机会提升学生的品行修养及对传统文化知识的学习能力，同时也能让他们养成良好的行为习惯，并在玩耍的过程中逐渐成熟起来。

通过尝试，老师在经典故事表演中采取了以下的步骤：选择一个故事→深入探究知识点→叙述这个故事→理解这个故事→展示这个故事→修改部分故事情节→再次演绎。

比如讲述故事《司马光砸缸》，首先是发掘孩子必须掌握的关键概念。通过"什么是缸？为什么要打破它呢？"这样的问题让孩子了解到缸和其他容器之间的差异，同时也能明白"司马光砸缸"的原因及重要性。接着，指导孩子们把这个故事演绎出来，以此来激发他们的思考。通过"如果换作是你，你会如何去拯救他？"这个问题进一步推动孩子自己创作、导演并且演出，如图 4-3 所示。

图 4-3 《司马光砸缸》表演

（二）"诗词歌赋我来学"主题课程

古诗词以其独特的文字魅力展现了人类对于生活及自然的深层认识和领悟。它们擅长运用音乐元素，强调情感深度，结构严谨且易于诵读，成为中国传统文化的核心部分。在幼儿园实施这种主题课程，是为了让孩子在思维处于最佳状态时接触到这些古典名篇，并通过学习诗歌的方式让他们感受到中华文明的广度和深度，从而提升他们的兴趣爱好和鉴赏水平，从幼年时期就开始接受优秀文化的熏陶。

为了加快幼儿对古诗词的理解，学校采取的模式是：观看并聆听诗歌，也就是视听结合→全面诵读→理解诗意→独立展示（表演）。

第二节　搭建主题式课程五大载体

文化熏陶是继承优秀传统的重要途径，建立充满传统文化气息的载体就需要整合物质与非物质文化。幼儿园一般会根据地域寻找具有浓厚乡土风情的场所作为教育基地。本书中就介绍了卢氏大院、中国木雕城等充满地方与传统特色的建筑资源，整合了竹编、戏曲、剪纸等艺术样式，搭建了可以"蒙以养正"的五大载体。

一、古宅肃雍堂：探究古朴瑰宝

肃雍堂是卢氏家族古老住宅区中的佼佼者，它的木刻、石刻和砖刻技艺达到了顶峰。大厅里的吊灯则结合了多种艺术形式，包括木雕、串珠和画作，这使得它成为中国南部灯具工艺的典范之作。朱子、文徵明这些文化巨匠们也曾经访问过这座大厅并在其中留下墨宝，为学生提供了了解传统文化的学习实例。

"古宅探宝"和"艺术创作"两个方法都是基于蒙宝视角来深度发掘肃雍堂的艺术价值。通过实施"古宅探宝"的方法，引导孩子创建"古宅探秘"系列作品，让他们对探索地的地图有深入理解并能根据图片实际找寻物品，从而了解到其结构及功能。而"艺术创作"则强调孩子的创新绘画喜好，他们可以在肃雍堂这个历史悠久的建筑中，以石头小路和陡峭的屋顶等为题材进行绘画，既感受到了古代建筑的美感，又提高了他们的创意思维能力（表4-7）。

表4-7 "古宅肃雍堂文化之旅"主题活动安排

活动一：参观肃雍堂	活动七：语言《名人的故事》
活动二：写生《捷报门》	活动八：写生《牌坊》
活动三：实践《铺石子路》	活动九：撕贴《古建筑群》
活动四：版画《户对》	活动十：科学《水龙灭火》
活动五：陶泥《瓦当》	活动十一：水墨《飞檐》
活动六：社会《古今之别》	

二、艺海小镇：小型社会体验

位于幼儿园附近的艺海街区包括肃雍堂，同时也有药店、茶楼、餐馆、杂货店等多种古老店铺。为使儿童能够更好地感受历史的社会环境，幼儿园设立了一个名为"艺海小镇"（表4-8）的地方，让孩子有机会充分享受各种行业的职业角色。在这个被称为"艺海小镇"的区域里，他们可以亲身参与到这个虚拟的世界中，从而找到他们的童真与快乐。

表 4-8 "艺海小镇"玩法介绍

场馆	角色	材料	玩法	作用
药铺	医生护士技师病人收银员	菊花、枇杷叶、橘皮、桂花、金银花等中草药；包装纸、公平秤、听诊器；医生服装等	当病人来时，医生搭脉问诊，并开药方，病人到收银处付费，然后由药剂师进行抓药、打包	让孩子们了解祖国的传统医药，对中药有初步印象，培养对中草药的兴趣，丰富他们的感性认识
茶馆	演员服务员收银员顾客	菊花、茶叶、枸杞、柠檬、红枣等材料；茶具、温水；小吃；录音机、道情筒、小铃；围裙等	演员可以念快板、唱道情、表演京剧等，顾客可以来品尝、听曲，别有一番风味	知道喝茶的好处，了解我国的"茶文化"，懂得欣赏民间艺术，并知道在公众场合要做一名懂礼仪的好孩子
餐馆	厨师服务员顾客	食物材料以及做菜辅料；菜单；碗筷等	厨师制作地方风味的杨梅粿、麻糍、南马肉饼等小吃，顾客可以在这里选择品尝美味佳肴	亲自感受制作小吃的过程，了解东阳舌尖上的美味，体验文明用餐过程，理解并掌握初步的餐厅用餐礼仪

在体验各种职业的过程中，幼儿能够提升自我角色的认知，并能训练出与他人协作的能力，从而实现社交技能的大幅进步。他们在"茶馆"里开展"蒙宝说书"活动，把学到的优质古代故事用讲故事的方式传授给其他人，这不仅提高了讲述者的口头叙述技巧，同时也让孩子的内心深处领略到古老文化的独特韵味。

行为表现及分析：由于之前有过一次关于茶楼对话经验，这次小朋友已经不是那么茫然无措了，他们开始有条理并积极参与到活动中去——由一位小朋友引导大家做了详细的工作分配计划。她与同伴担任起店内的招待工作，分别承担门前的迎接客人和下单及沏制茶叶的任务；而另外两位同学则被赋予"演员"的角色任务，他们在一个小小的剧场里尽显才艺以供观赏者欣赏，之后还使用道情筒、折扇、围巾或手摇铃铛之类的工具来演出。与此同时，这两位扮演工作人员的同学也一边为客户提供饮品，一边向其讲解有关花草茶（包括红枣枸杞）或是果汁的制作过程，内容丰富多彩且令人愉悦。

反思与调整：由于之前的茶馆活动并未对参与者做出明确定位，导致部分儿童既是消费者又是演出人员，使得活动现场混乱不堪。为了避免这种情况再次发生，我们重新进行了角色划分，并新增设了一个"演员"职位，使观众能够一边品尝茶水一边欣赏节目，从而减少他们的厌倦感。然而，因为附近区域的孩子玩耍时发出巨大的喧闹声，这使舞台上的表演听起来有些微弱。活动结束后反思可能因为没有音乐伴奏，因此建议下次活动中预先准备一些孩子们熟悉且喜欢的背景音乐，以增强他们自由发挥时的表现力，同时也能提升茶馆内的艺术气息。

三、民俗特色街：自主区域游戏

为了使孩子能够随时随地体验到本地的传统风貌，学校将幼儿园走廊、通道和公共空间打造成了一条充满民间文化的街道。在此过程中，老师会鼓励孩子使用如木制品制作、手工艺品创作、陶艺等各种方式来展现具有本地特色的艺术品。

通过木工设计、手工艺品制作和陶艺雕刻这三个途径，孩子能够深入了解并掌握传统文化知识，同时创造出具有地域特点的作品。他们可以在木工区域尝试各种操作，例如敲击、扭转或固定；也可以参与刺绣、编制或者缝纫；此外，他们还可以在陶艺区域进行塑造和雕刻活动。幼儿可以自由选择玩耍的方式，享受民间文化的乐趣，详见表4-9。

表 4-9　女工坊特色活动安排

名称	样品	步骤及玩法	能力发展
旗袍秀		1. 在卡纸上设计出旗袍轮廓，并剪出模板 2. 绘制图案 3. 利用各色纽扣、皱纹纸等材料加以装饰	孩子自主选择，设计图案，独立装饰作品，独自创造，富有成就感
小绣娘		1. 先在绣框上设计好自己喜欢的图案 2. 选择毛线或绣花线穿在粗的绣花针上 3. 运用简单的上下针、十字针绣出美丽图案	发展幼儿的精细动作，培养幼儿的耐心、细心及同伴间合作的能力
织布乐		1. 绕毛线，制作梭子 2. 织布机上来回操作	培养幼儿的动作协调性，遇到困难寻求帮助，勇于探索、勇于挑战
小扣大作		1. 学着给娃娃缝纽扣，缝眼睛 2. 选择纽扣画的底部图案，将纽扣装饰在画上 3. 注意颜色大小的搭配，空间距离的摆放	通过女工的细致活，培养幼儿手眼协调能力、精细的构思作品能力，促进幼儿的思维发展

四、经典国学馆：蒙养学堂读经

老师围绕"蒙"这个主题，为各个年龄段的孩子量身定制了一系列适合他们的古代诗歌课程，同时创新性地使用朗诵、绘画、表演和歌唱等多种方式来引导孩子接触和理解这些古代诗歌。

同时，学校还实施了"蒙宝讲故事""艺术舞台展示"等多种方法来鼓励孩子们勇敢地展现他们学到的知识。老师也设计了一些场景，以便孩子能在参与经典传统文化故事的演出过程中学习并继承文化礼节，培养优秀的品行习惯（表4-10）。

表 4-10　小班"诗话春天"主题活动安排

第一周	活动一《江南》 活动二《咏鹅》	第六周	活动一《清明》 活动二《春夜喜雨》
第二周	活动一《咏柳》 活动二《春日》	第七周	活动一《惠崇春江晚景》 活动二《村居》
第三周	活动一《草》 活动二《江南春绝句》	第八周	活动一《江畔独步寻花》 活动二《元日》
第四周	活动一《春晓》 活动二《忆江南》	第九周	活动一《滁州西涧》 活动二《渔歌子》
第五周	活动一《绝句》 活动二《游园不值》	第十周	活动一《凉州词》 活动二《乡村四月》

五、工艺美术馆：民族艺术创作

幼儿园还设计了一个展示乡土风情，让幼儿展示、表达和创造传统艺术之美的工艺美术馆。老师创建了水墨、泥塑、小工艺等不同区域，每周为不同年龄段的幼儿安排了不同的教学内容。我们采取了"蒙娃学艺"的教学策略，让幼儿学习各种艺术创作，并展示他们创作的作品。这不仅培养了幼儿的观察力，锻炼了幼儿手部的精细肌肉，也让他们感受到传统文化之美，创新传统艺术古典之美（表4-11）。

表 4-11 传统工艺美术馆课程安排

主题内容	课时	具体内容
捏面人	中班4课时	瓢虫、蜗牛、花朵、章鱼、小丑鱼
	大班5课时	跳舞的树、蛋糕、房子、狮子、老虎
陶泥	中班4课时	树、杯子、花瓶、乌龟
	大班4课时	头像、兵马俑、盾牌、虎头鞋
青花瓷	中班4课时	纸盘、花瓶、纸扇、纸袋
	大班5课时	蓝白花布、旗袍、陶罐、碗、雨伞
水墨	中班4课时	墨线、蝌蚪、葡萄、小鸡
	大班4课时	枇杷、古建筑群、荷花、借形想象
剪纸	中班6课时	树、门帘、花、蜻蜓、蝴蝶、扎髻人
	大班5课时	三折镂空花、四折镂空花、六折镂空花、柳叶形花、月牙形花
纸鸢	中班4课时	装饰纸鸢、美丽的纸鸢、打扮纸鸢、纸鸢飘呀飘
	大班4课时	装饰纸鸢、纸鸢对称美、欣赏纸鸢、放飞纸鸢
刺绣	中班4课时	树、叶子、花、草、袖子
	大班5课时	苹果、西瓜、小猫、小兔、房子、帽子

第三节 实施主题式课程十大方法

幼儿园创新性地运用古宅探宝、艺术创作、角色体验、情景表演、手工制作、木工设计、泥塑雕刻、蒙宝说书、蒙娃学艺、艺台展演等十种方法，让幼儿通过他们所喜欢的且有乐趣的学习方式去理解并掌握优秀的传统文化，感受其深厚的内涵与吸引力。

一、古宅探宝

在古老的宅邸里，幼儿发现的每一件物品都有着独特的风格和精湛的雕刻技艺。在这个过程中，他们收获颇丰，学到了许多学校以外的知识。

二、艺术创作

儿童在古老的建筑里，体验到了古宅的简朴之美、简约之美、精巧之美、古朴之美、古雅之美和壮观之美。他们通过绘画的方式描绘出大门与房屋的关系，使用黏土塑造出了砖雕结构，并以水墨的形式展现了屋顶的高耸部分。这些都展示了他们的创新能力和多样化的艺术表达方式。

三、角色体验

"艺海小镇"这个环境为孩子们提供了各种丰富的社交身份，让他们能够深刻体会到商家的机智、服务员的热忱和普通民众的质朴；也感受到医生的高超技艺和说书人的精彩言辞。在这个"艺海小镇"里，我们的目标是让孩子们的童年充满乐趣，同时也能让他们自由地探索自我。在这里，他们可以根据自己的喜好挑选出适合他们的角色并参与其中，这不仅能提升他们的角色认知能力，还能加速他们在社会化过程中的成长。

四、情景表演

在经典国学馆里，老师精心设计了一系列生动的故事场景以激发孩子的兴趣和参与度，让他们能够更加深入理解并体验中国传统文化的精髓。例如，《凿壁借光》《郑人买履》或《画蛇添足》，引导孩子在角色扮演的过程中，塑造出追求知识与善良品质的精神风貌。

五、手工制作

在民间艺术街道的手工艺区域内，孩子们能够独立地操作针和线来刺绣梅花和小树之类的图案；在织布机上织出独特的纹理；还能够亲自动手为布偶缝合衣服上的纽扣，甚至可以自创独具风情的香囊、中国结或手环等物品。他们的实践技能逐渐提升的同时，也在这些活动中培养了自己的毅力并感受到了民间文化的独特吸引力。

六、木工设计

孩子们参观并欣赏过各种精美的艺术品之后，幼儿园为他们设立了一个名为"快乐造物梦工厂"的地方，让他们使用诸如剪刀、锤子、螺丝刀和圆形切割器等各类用具来独立地进行创造与设计。

七、泥塑雕刻

泥塑具有较大的可塑性，孩子们可以运用揉搓、捏合、滚动、拉伸等多种手法来创作心目中的物体。这种手工活动能锻炼大脑思维，激发孩子们的创新精神，让他们能够根据形状、时间与地点任意挥洒灵感，实现自我创作。在这个简单的陶器制作过程中，孩子们发现了令人惊艳的美。

八、蒙宝说书

说书是一种古老的曲艺形式，不唱歌只讲故事，并结合快板、镲、木鱼等传统乐器进行表演。通过说书这一形式，可以提高幼儿的口语表达能力，同时感受传统文化的魅力。

九、蒙娃学艺

幼儿园为孩子们提供各种机会来体验并学习传统的工艺技巧，如米塑、捏面人、糖画、剪纸、编织中国结以及陶土雕刻等。通过与艺术家们直接互动，孩子们能够亲身感受到这些独特的技能，同时也能观赏到一些富有特色的中国民间艺术品。此外，学校也鼓励孩子在掌握这些技术后，自行尝试创造出新的艺术品。

十、艺台展演

幼儿园为幼儿搭建了艺术展演的舞台，孩子们可以用各种方式展示自己所学习的优秀传统文化，如舞蹈、戏剧表演、歌唱、朗诵和民族风走秀等。

第四节 形成主题式课程教研模式

一、主题项目管理模式

幼儿园在园长的带领下，形成了一个拥有创新教学观念和课题研究能力的团队。首先，教师深入探讨课程的概念、准则及特性，并确定了一套完整的课程管理系统。其次,教师根据自己的兴趣提出申请,被选中的教师作为课程项目的首席执行官,负责管理各主题课程,构建出优秀的传统文化主题课程,探索各种独特的教学方法,并对课程项目进行评价与调整,使得幼儿园的课题研究工作逐步趋于完美(表4-12)。

表4-12 "蒙以养正"课程主题项目认领

序号	活动项目	时间	星级	首席执行官	项目评定	项目成效
1	入学礼	9月	★★	教科室	良好	开学第一周开展,邀请5个卡通人物,认领任务,清单形式多样
2	礼仪小天使	9~12月	★	教研组长	一般	各班轮流,以大带小,班主任负责监督
3	小红军出征	10月	★★★	教务处	优	家长鼓乐的参与,开幕式声势浩大,家长都为孩子点赞
4	民间运动会	11月	★★	教务处	良	孩子的参与度高,提高了幼儿的运动能力
5	娃娃逛庙会	12月	★★★	教务处	优	活动大型,以大带小的形式展开,效果非常好,社会评价高
6	民间艺术创作	9~12月	★★	艺术组长	良好	每月有计划开展民间艺术创作,孩子们感受各种民间艺术特色

二、教学行动教研模式

在构建课程的过程中,基于问题讨论,由项目负责教师带头研究和探讨,依据儿童的爱好,灵活运用环境资源,深入发掘其潜在的教育意义,从而开发出优秀的传统文化主题课程,并形成教育教学中的"四个步骤"的研究方式:抛出问题、聚焦问题、澄清问题、解决问题(图4-4)。

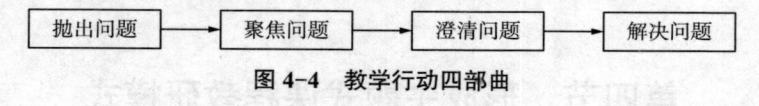

抛出问题 → 聚焦问题 → 澄清问题 → 解决问题

图4-4 教学行动四部曲

三、主题建构教研模式

幼儿园拥有一支卓越的教师团队,每个项目负责人带领项目团队,设定、组织、讨论和执行主题,通过广泛思考和多次思维碰撞,找出一种主题课程构建的方法(图4-5)。

第四章 幼儿园园本课程实施

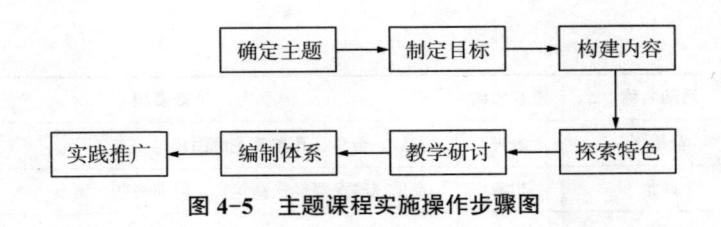

```
确定主题 → 制定目标 → 构建内容
                              ↓
实践推广 ← 编制体系 ← 教学研讨 ← 探索特色
```

图 4-5 主题课程实施操作步骤图

例如"东阳板凳龙"主题课程。

步骤一，确定主题：从幼儿熟悉的生活、环境入手，确定适合幼儿的主题。

每逢元宵佳节，小朋友都有机会观赏到本地举行的"板凳龙"活动，这为大众带来了一场视听盛宴。因此，幼儿园决定以"东阳板凳龙"为主题开展幼儿园的大班教学研究活动，旨在使孩子对这个传统节日有更深入的认识和理解。

步骤二，制定目标：依据儿童的年龄特性，确立科学且富有游戏性的教育目标。

通过实践、讲述、编排表演、绘画和唱歌跳舞等方式，儿童初步理解元宵节迎接板凳龙的历史和民间传统。

步骤三，构建内容：植根于传统文化，依据五大领域进行教学内容的整合。

按照五大领域挑选主题内容，教研组成员一起讨论教学主题，每位教师负责设计一个相关的课程内容。在一周之后，将这些主题教学内容整合并提交教案和教具，以此构建出主题框架。详细的安排如下（表 4-13）。

表 4-13 东阳板凳龙主题内容

	活动名称	重点领域	准备资料
1	东阳板凳龙	社会	PPT、活动前幼儿与家长一起收集有关板凳龙的传说和民俗
2	喜洋洋	艺术	音乐《喜洋洋》，乐器：大鼓、三角铁、铃鼓
3	板凳龙	语言	迎板凳龙的 PPT、视频
4	多彩的古代汉服	艺术	各种服装款式图片、各种装饰性材料、有关汉服的 VCD
5	板凳龙排排队	科学	飘带人手一根或两人合作、各色蜡光纸
6	制作板凳龙	艺术	舞龙灯的视频、图片、废旧材料以及美工工具
7	装饰飘带	科学	飘带人手一根、各色蜡光纸

续表

	活动名称	重点领域	准备资料
8	看花灯	语言	龙灯、金鱼、孔雀等花灯图片
9	舞龙	艺术	音乐《舞龙舞狮庆新年》，舞龙视频、道具
10	看板凳龙	艺术	有关板凳龙的图片
11	扭秧歌	艺术	磁带、彩带、秧歌舞音乐
12	迎板凳龙	艺术	迎板凳龙的各式图片、记号笔、彩墨
13	勇敢的壮士	健康	障碍物、龙珠、火炬
14	迎板凳龙，真热闹	社会	迎龙灯视频、两条龙灯、乐器、服装

步骤四，探索特色：深入研究每个课程领域，寻找适合自己课程领域的独特教学方式。

作为节庆教育的一个重要组成部分，板凳龙主题文化和历史的发展紧密相连，这和幼儿日常生活的各个方面都密切关联且影响着他们的心灵。所以在设计这个活动的时候注重其贴近实际、接地气的一面，让孩子能够从真实环境中获得乐趣并且主动投入到活动中去。

步骤五，教学研讨：根据教学的特性进行课程案例分析，挑选出最优秀的教学活动。

首先，课程项目的负责人需要制定一个课例研究表格。其次，组织教师进行初步的教学研论。最后，这些表格将被项目负责人收入主题资源库中。通过激活主题资源，可以使环境更加生动有趣，区域更具活力，家园也能更好地联系起来（表4-14）。

表4-14 课例研究表

活动内容：			
执教教师：	班级：		时间：
第一轮教学活动设计		第一轮修改意见	
活动目标：		活动目标：	
活动准备：		活动准备：	
活动过程：			

步骤六，编制体系，构建系统：确定主题，挑选内容，构建领域课程教学框架，并将其打印成册。

项目团队搜集教学计划、PPT、音乐、教学图片、主题墙照片、区域活动照片和其他相关资料，并对这些进行文字编辑和排版。接着，在文印室进行打印并装订成册。

步骤七，实践推广：将科研成果推广至整个园区甚至全市。

四、节日策划教研模式

中国的传统节日是在人类社会的演进中产生的历史遗产，春节、元宵节、端午节等传统节日都充满了深厚的人文底蕴。幼儿参与这类以中国传统节日为主题的活动有助于增强他们的民族认同感和对中华民族的精神追求，同时也能够有效地传播与发扬我国的优秀文化和文明成果。经过一系列的大型节日活动的实践操作，我们已经探索出一些关于如何设计和实施此类节日课程的方法（图4-6）。

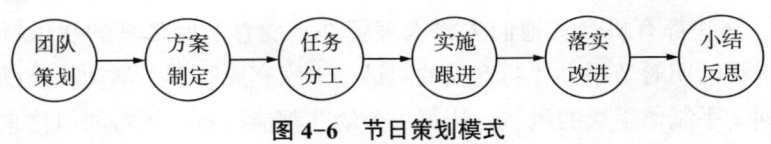

团队策划 → 方案制定 → 任务分工 → 实施跟进 → 落实改进 → 小结反思

图 4-6 节日策划模式

第五节 幼儿园主题活动实践经验选编

一、传统节日主题活动

作为中华文明璀璨光辉的一部分，传统节日凝聚并体现了我们的民族精神与民族情感；它们是我国文化的精髓所在，且包含着丰富的人文知识及思维理念。这些有着显著地域性和族群特征的活动里隐藏有大量的教学素材，也为幼儿园培养儿童的核心能力提供了坚实的基础。因此，在设计新年、元宵灯会、扫墓祭祖活动、龙舟赛庆典及月饼制作等多种形式的节日活动中融入特殊价值观的教育内容，既可以发掘传统节日内在的历史底蕴和人文气息，还能给孩子传达特定的文化价值。

（一）节日文化

1. 涵养人文情怀

新年的记忆、幸福的味道，是儿童最快乐、最满足的时候。给儿童讲解年的起源，向他们展示《年》《团圆》及《灶神》等绘本书籍中的故事情节，使他们能够感受到年的传统文化内涵。鼓励他们参与售卖汤圆、包饺子、烹饪春卷、做年糕等美食活动，品尝传统美食；参加踩高跷、跳秧歌、耍龙舞狮、放鞭炮等传统活动，度过一个充满欢笑的新年。"端午民俗乐"则引导幼儿穿越时间的长河、倾听关于屈原的历史故事、学习有关端午节来源的知识、构思精美的龙船模型、享受香糯可口的粽子、亲自编织长寿线、探究端午节独特的习俗及其象征意义，从而丰富幼儿的文化和人类情感积累，增强对人性的认识和尊重。

2. 提升审美情趣

组织贺新年活动。儿童进行观赏年画、张贴对联、悬挂灯笼及剪裁窗花等活动，这些都有机会让他们去深入理解并享受春节所带来的欢乐氛围。同样，可以在清明时节举办"与春天的对话——家庭风筝节"活动，鼓励家长和幼儿共同动手制作手绘的风筝，让每一个幼儿都能以自己独特的风格来装饰这只风筝，从而使他们能够更好地领略到每一件作品的美感，提高他们的美学鉴赏力。

（二）主题建构

1. 学会自主学习

每年的元宵佳节都能欣赏到富有当地风情的东阳板凳龙表演，它为观众带来了一场视觉上的盛宴。因此，幼儿园便以此为主题开展名为"欢乐祥和庆元宵"的教育项目。教师会在美术区域放置如龙头、红色的宣传海报、五颜六色的玻璃纸等素材供幼儿使用。孩子们急切地开始创作龙形装饰品，有些在描绘龙鳞，有些则是在剪裁或粘贴。尽管整个过程可能较为烦琐，但幼儿却兴致勃勃，这有助于提升他们的耐性和实践技能。幼儿擅长观察并具备自主学习的能力，同时也能从彼此身上学到东西。他们在每个活动中都能有效控制使用的资源，并在活动结束后主动收拾物品，养成优良的习惯。

2. 拥有健全人格

在清明节主题活动中，小班幼儿到公园踏青，欣赏春天的勃勃生机，抓蝴蝶，与小鱼戏水，在大自然中茁壮成长。中大班幼儿徒步前往烈士陵园，献上自制的康乃馨，缅怀先烈，培养坚强意志，树立热爱家乡和身边人的情感。孩子在种植园里亲手种植、浇水，记录植物的成长过程，充满自信地表达自己的收获，积极面对生活。"与春天的对话——家庭风筝节"活动中，孩子与家长一起制作纸鸢，享受亲子乐趣。面对自制的纸鸢无法飞翔时，也要学会控制不良情绪。孩子采摘艾草，与小伙伴一起制作、品尝青团，感受合作、分享和创作带来的快乐。

（三）活动体验

1. 培养问题意识

学校鼓励孩子的探究精神，通过举办"娃娃逛庙会"的活动来让他们深入理解当地的传统习俗，以此激发他们对本地文化的热爱与传承。在这个过程中，孩子展现出强烈的问题敏感度，并且具备独立解决问题的能力，这使得他们在面对挑战时能够勇敢应对，逐渐成长为一名合格的社会成员。

2. 增强责任担当

在"中国年的红色回忆——幸福的滋味"活动中，通过以大带小的方式让他们参观美术室、食品店和娱乐场所。在这个过程中，他们自然而然地受到传统文化的熏陶。在重阳节活动中，小朋友们在社区内采摘桂花并制作桂花糕，同时还陪同祖父母爬山，一同玩耍儿时流行的民俗游戏，整个过程充满欢乐和谐，从而培育出尊重老人、关爱老人、协助老年人的优秀品德。

传统的节庆活动有着深厚的历史底蕴，它们包含了民族的心灵特质、价值观与美学品位。幼儿园对这些传统文化活动的关注，使得孩子能够在这类活动中继承并体验其独特的魅力，同时也提升他们的审美感知力、知识探索能力和团队协作技巧，培养他们的问题解决能力和责任感。

二、传统文化主题活动

民族的精神源泉就是传统文化，我们的所有精神成果和智慧花朵，都是在这个基础上慢慢孕育并逐步发展起来的。

时代的发展使得人们逐渐失去对传统文化的认知和理解，为了重新找回那些遗失的文化，幼儿园在环境设计上融入"四个一"元素：一处充满民俗文化的小镇、一个展示传统游戏的地方、一座传承经典文化的书院，以及一家展现手工艺品制作技艺的博物馆。通过这些设置，可以创造出浓厚的传统文化氛围，并以此为主题构建各种活动，如季节性的主题、节日庆典、礼仪规范、民间娱乐项目以及本地艺术表现形式等活动。这样一来，幼儿可以在日常生活中接触到这些传统文化，从而更好地体验传统文化的独特之处与吸引力。

（一）体民俗民风之真

在幼儿园的各种传统活动中，如"娃娃逛庙会""欢庆元宵佳节""与春天的对话——家庭风筝节""端午民俗乐"等，幼儿亲身参与并深刻地感受到这些活动的民族特色，从而体会文化传统的精髓。

在"娃娃逛庙会"的活动里，教师可以设计一个包含各种传统文化元素的环境：如手工艺术区、特色美食区和传统的娱乐活动区。在这个环境中，幼儿亲自参与制作棉花糖，并使用白色布料、宣纸及餐巾纸来染制出具有蓝色与白色图案的花布，以此让他们真实地体会古人的文化氛围。此外，他们在参与学习刺绣、制作宫扇和缝补鞋子等实践环节时，也能逐渐理解从古代向现代过渡的过程。最后，他们通过参加"端午民俗乐"的活动，包括划龙舟、包粽子和制造香囊等方式，深入了解流传于民间的生活习惯和传统习俗。

"欢庆元宵佳节"活动期间，幼儿与父母共同设计花灯、猜谜语、包饺子，体验深厚的传统佳节气氛。

（二）品经典文化之善

前人的文化遗产丰富且深远，幼儿园可以将其中最优秀的部分挑选出来，摒弃那些无益的部分，以各种创新的方法来教育孩子，例如"经典时光""阳光宝贝广播站""礼仪情景练习""美德故事表演""成语故事""神话故事"等活动。这些活动让幼儿深入理解和体验经典文化的价值，同时适应时代的进步，努力成为真正善良美好的人。

在学习经典寓言故事《铁杵磨针》时，幼儿透过李白在学校里发生的趣事，观察到绣花针与铁杵之间的差异，并赞赏历经四季的老奶奶最终完成的精神，从而深刻领悟出"只要功夫深，铁杵磨成针"这一道理。同样的，如《凿壁借光》《郑人买履》及《画蛇添足》这些故事都旨在让幼儿在体验优秀文化的同时，培养他们追求真实知识和善良品质。

（三）赏民间艺术之美

举行"参观恐龙博物馆""游览竹编馆"等活动，让幼儿体验民俗文化的美妙之处，领略中国传统文化中的精髓。同时幼儿园可以举办各类戏剧表演、雕刻和捏制糖人的工作坊课程，使这些民间艺术薪火相传。

学校将儿童带入文化的殿堂之中，让他们体验、了解和欣赏各地的独特文化形式。学校还可以邀请一些有经验的艺术家来到教室，如擅长捏制面人的老人家，喜欢表演越剧的前任老师，善于雕刻清明羊的老奶奶，热衷于剪纸的大婶等，向儿童展现他们的技能，分享他们的知识与技巧。幼儿全神贯注地观看，仔细地聆听，谦逊地学习。这些都使民间艺术深深植入幼儿的内心世界。

（四）享民间游戏之乐

跳房子、转陀螺、炒黄豆、扔手帕、木偶人、斗鸡和跳橡皮筋等游戏曾经盛行于街头巷尾，现在再次进入幼儿教育领域，深深地融入幼儿的生活中。教师通过创新的方式重新演绎这些古老的活动，为儿童的成长历程增添一抹愉快的回忆。

传统文化遗产是任何国家或族群持续发展和延续的基础，一旦失去它们，就会切断其内在的精神纽带。在继承这些优秀传统时，并非只是简单地沿袭古老的规定或者效仿古人，而是在深思熟虑中领悟它们的核心价值，使之融入我们的日常生活，并进行深度结合，从而培养出真正善良美好的儿童。

三、"戏"中看教育

"小朋友们，告诉你们的爸爸妈妈，明天中午我们有一场特别的端午节游园活动，大家可以一起来参加哦……"老师的话音未落，教室里已经充满了欢声笑语。孩子们的脸上洋溢着无法掩饰的兴奋和期待。

游园活动总是充满了欢声笑语，在这份热闹中，孩子们不仅体验到了节日的快乐氛围，还编织出了许多温馨有趣的小故事。以下是三个具体实例。

（一）爱之剥夺："爸爸，请放手"

豆丁是班上有名的"小喇叭"，游园活动那天，张老师在去洗手间的路上遇到了他。他一看到张老师就迫不及待地倾诉:"张老师,我爸爸真笨,他太讨厌了……"原来,他和爸爸一起去了"甜蜜蜜饮品店",自己动手做了一杯红豆茶,本来喝得津津有味,感到非常开心和自豪。但爸爸却擅自往他的杯子里加了其他配料,他尝了一口后,觉得味道变苦了,非常生气。爸爸却很困惑,因为他自己尝了觉得是甜的,不明白为什么孩子会觉得苦。

张老师对爸爸解释说:"孩子自己动手做的东西,哪怕味道不尽如人意,他们也会觉得很满足,这是他们实现自我成就感的一种方式。你的干预可能让他觉得你不信任他,他心里的不快自然会引起反感。"爸爸听后,向孩子道歉:"对不起,下次你自己做,好吗?"孩子开心地点了点头。

在幼儿自我成长的道路上,他们需要自己去探索和体验。过度的干预可能会阻碍他们的成长。我们应该相信幼儿的能力,给予他们足够的信任和支持。我们的角色应该是观察者、陪伴者和鼓励者,而不是他们成长的阻碍者。

(二)爱之行动:"妈妈,我爱你"

在走廊里,一位教师目睹了一个孩子坚持要把手中的杯子递给妈妈,妈妈却摆手拒绝,让孩子自己喝。孩子却不依不饶,执意要妈妈尝一尝。教师走上前去,轻声问:"你是因为自己不想喝了,才给妈妈的吗?这样做不太合适哦。"孩子抬起头,认真地回答:"不是的,泡茶的时候,妈妈一直耐心地教我这是什么茶叶,那是什么配料,她一点也没有不耐烦。我觉得妈妈很辛苦,我想用这杯茶表达我对妈妈的感谢……"原来,孩子是想用自己泡的茶来感谢妈妈的辛勤付出,不小心误解了她的好意。

这是一个洋溢着爱的故事,这个孩子心中充满了爱。从她的行为中,我们可以看到,她在感受到妈妈深沉的爱的同时,也在尝试用自己的方式来回报妈妈的爱。

(三)爱之明理:"幸运不是每时每刻都会在你身边"

抽奖总是最受欢迎的环节。看,一个小朋友幸运地抽中了二等奖——一个酷炫的机器人,这让旁边的小男孩羡慕不已。他拉着妈妈的手说:"妈妈,我也想中二等奖。"但命运似乎和他开了个玩笑,他只抽到了三等奖。没能拿到心心念念的机器人,小男孩的眼眶瞬间红了,噘着嘴,不满地对妈妈说:"不行,我就要那个机器人……"妈妈耐心地解释:"抽奖就是这样,不是想要什么就能得到什么的。"

小男孩开始撒娇:"那你给我买一个吧。"妈妈微笑着,温和而坚定地说:"家里已经有很多玩具了。今天我们是来抽奖的,抽奖有它的规则,也要看你的运气。我们不能总是耍赖,幸运不会每次都降临在你身上……"说来也神奇,听了妈妈的话,小男孩渐渐平静下来,他似乎有所领悟:"看来我今天不够幸运。"

这位妈妈在处理孩子情绪时展现了教育的智慧,她没有简单地满足孩子的要求,而是通过理性的引导让孩子理解了抽奖的本质和生活的不确定性。这种教育方式值得称赞。

原本以为只是轻松愉快的游园活动,却处处蕴含着教育的契机。这些小故事让我们看到了不同教育方式下孩子的不同反应。因此,在教育中,家长和教师应该理解教育的真正意义,抓住每一个教育的机会,让幼儿在生活的点滴中成长、学会爱、理解、思考。

第五章

幼儿园园本课程评估

2021年12月教育部等九部门印发的《"十四五"学前教育发展提升行动计划》指出:"健全幼儿园保教质量评估体系,充分发挥质量评估对保教实践的科学导向作用,提高教师专业素质和实践能力。"课程评估是教育活动的基本反馈机制,对于深化课程改革、提高教育质量至关重要。其目的是思考并回答,为什么要进行幼儿园课程评估(评估目的)、谁评估(评估主体)、评估什么(评估对象)、如何评估(评估标准、程序等)。

教育评估是一种用于监控教学质量并推动教育改革的手段。随着我国学前教育进入高质量发展阶段,幼儿园课程改革不断深入,幼儿园该如何选择课程模式、确定教学内容的适当性和逻辑性,并优化现有的教材内容,对于每个幼儿园来说都是不可避免的问题。要解答这个问题,需要依赖对幼儿园课程的评估。因为它是幼儿教育的核心工作之一,也是推动教育教学改进与提升的关键工具。下面将详细阐述关于幼儿园教学评估的相关定义、功能、关键要素、评估流程及主要方法等。

第一节 幼儿园园本课程评估概述

课程评估最早出现在美国的著名教学实践项目:1934～1942年的"八年研究"。在该项目的实践过程中,泰勒第一次提出了"课程评估"的理念,这意味着它已经从教育评估中分离出来并成为一个单独的研究主题。进行幼儿园课程评估,就是评审者依据幼儿园课程的特性和组成部分,搜集并解析相关信息,以此判断该课程的价值、适用性和效果。

一、幼儿园课程评估的目的和作用

(一)幼儿园课程评估的目的

评估目的就是人们在开始评估之前预设的课程评估活动所要达到的效果或结果,回答"为什么要评估"的问题,指导和支配着整个评估过程。

1. 根本目的

过去,幼儿园教学评估的主要目的是分辨出被评判者优秀与否并给予相应的等级划分或者选择,而现在的主流教育评估观念更注重于利用评估来发现问题并推动教育进步。幼儿园课程评估的核心任务是在分析课程的过程中,评价其适应性、有效性,以此作为修改、优化甚至推广课程的基础,进而提升学前儿童教育的水准,促进儿童的全方位成长。

2. 具体目的

评估是幼儿园课程体系的一部分,在课程体系运行各个阶段,都有其特定的评估目标,详细内容如下。

(1)课程方案形成前的评估目的。在构建课程方案前,评估目的涵盖两部分:一是需求分析,这涉及理解幼儿的学习状况和社会需求;二是对各种课程的选择及对比。通过课程评估,能够让幼儿园更好地确定教育方向,提高其针对性与实用性。此外,它还能够让幼儿园更深入地研究各个课程之间的差异,从而做出最佳决策。幼儿园还可以自主研发或参考现有的教材制定自己的学习计划,但是无论如何,都需要对课程进行全面而细致的评估来决定最终的选择。

(2)课程方案实施中的评估目的。在实施课程方案的过程中,评估的目的是检查和修改课程,这是课程评估的核心目标。通过对课程进行评估,能够识别现有的不足和问题,找出问题的根源和影响因素,为课程的深度调整和优化提供充足的参考依据。

(3)课程方案实施后的评估目的。完成教学计划后,评估的主要目的分为两部分:一是确定教育目标是否实现,也就是说,在教学结束时,可以根据实际的结果对比和参考设定好的目标,从而评判课程目的的成功度;二是判断课程的成效,就是指在教学活动完成后,全方位地评估整个教学过程的影响力,而不是仅仅关注设定的目标是否达到,还需要考虑其他可能产生的效果。

需要强调的是,上述内容主要是针对幼儿园内的教学体系进行的细致的研究和评估。从更广泛的角度来看,国家与地方政府也应该利用课程评估来更好地监管课程。目前,中国幼儿园的教育方式正在不断演变,如何有效地管理成为学前教育的核心任务之一。仅仅依靠行政指令或者主观判断无法确保幼儿园课程的高效实施,需要依赖幼儿园课程评估工具,以科学的方式去理解并掌握幼儿园的教育质量,从而为指导幼儿园教育的发展做出关键性的决定。

（二）幼儿园课程评估的作用

从幼儿园的内外视角来看，它的作用主要通过以下两方面显现出来。一方面，对幼儿园课程的评估能够满足包括教师、专业的课程工作者、园所的管理层及所有参与课程设计的人员的需求，通过课程评测来验证或优化既存的幼儿园课程，或是创造并推广全新的幼儿园课程；另一方面，它为幼儿教育的政策制定者、园所的管理层和社会上的其他人提供了关于教育的信息，这样他们才能更好地掌控课程，做出有关课程的重要决定。

从课程改革、幼儿发展和教师发展方面看，其作用具体表现为以下三个方面。第一，对幼儿园课程改革的促进作用。评估过程可以推动评定人或教师持续发掘问题，并对其做出解答。在寻求答案与解决问题的过程中，教师会对课程的问题有更深入的理解，从而产生新颖的观点和实践经验，这有助于给课程改良带来源源不断的活力，起到积极的作用。第二，能助力儿童成长。儿童的进步是由教师以适当的教育方式引导出来的，而这种教育方式受到正确评估理念的影响。透过评估，可以了解到儿童的当前状况及需求，以此作为制定、修改和优化教学计划的重要参考，进一步促进他们的成长。第三，对教师发展的促进作用。由于教师承担了课程的具体操作及设计、实施任务，他们在课程实践中往往会变成首要评估对象。然而，他们并非仅仅处于受评的位置，而是积极参与评审活动，并将其视为提升教学质量、增强教导技能、促进儿童成长的重要工具。把评估视作研究课程和孩子的过程，评估便能转化为推动教师职业进步的关键助力。

二、幼儿园课程评估的类型

依据各种分类准则，课程评估能被划分为各种类别。

（一）根据评估功能和进行时间，可划分为诊断性评估、形成性评估和终结性评估

1. 诊断性评估

诊断性评估，又可以称为预测性评估，是在课程系统开始运行前进行的，其目标是掌握评估对象的基本状况，并能够有效地识别出问题，为制定科学的幼儿园课程计划或解决一些实际问题做好准备。

2. 形成性评估

形成性评估，又被称为过程评估，主要目的是通过跟踪记录教育系统中所有组成部分的数据来优化现有的教学计划。这种方式旨在不断更新和改善现有课程，以便更好地满足儿童的需求。这是一种基于实践的研究型评估模式。

3. 终结性评估

终结性评估又被称为总结性评估、结果性评估，这是一种用于确认教育项目完成后产生的真实影响的评估方法。这种类型的评估通常是在事件结束后执行的，主要关注项目的最后阶段而非整个过程，其目的是确定教育的有效性和可行性，并向各层级管理人员传递相关数据。

诊断性评估、形成性评估以及终结性评估的划分是相对的，这三者在评估过程中存在着交叉影响。

（二）根据评估方法，可划分为定量评估和定性评估

1. 定量评估

定量评估又被称为量化评估，它是一种通过获取目标对象的数据事实并使用数据指标来展示其效果的方法。这种评估模式注重实践探索的学习方式，聚焦于评估结果，力求精确度量数据，重视评估的稳定性和预测能力，展现出一种科学主义的价值取向。定量评估法的主要优点包括：评估计划事前设定，既全面又有针对性，方便管理和执行；评估成果容易整理，能提升评估的精准度；通常采用的是客观的标准，有利于增强评估的公正性，有助于清晰划分评估对象的级别。当然，定量评估也存在一些缺陷，例如，预定的评估标准可能偏离真实的教学环境，课程规划和教育情境处于变动状态，却试图利用固定的标准衡量不断变换的教育过程，这并不符合教育的实际情况，无法确保评估的公平性；限制了评估的范畴，只关注了可以计量的元素，而忽视了那些无法量化的关键部分；虽然是基于统计结果做出的判断，但是没有充分考虑个人之间的差异。

2. 定性评估

定性评估又被称为质性评估，是一种由评级人员解析评分的评估模式。这种模式以自然环境为主要数据源，评估者自身就是一种测评工具，他们必须在实际的环境里观察、理解和沟通。定性评估重视对于现象的描绘、阐释及概

括，具备人道主义的价值观取向。它的特点是基于文本或者图像的形式展示信息，但即便使用了统计数字，也只是用于表现现象，并非对其做深入研究。另外，它还偏好从基础出发，在初始材料上构建分类体系。与此同时，分析内容和创建内容同步执行，因为没有明确的规定，所以评估者能够发现之前未曾预期到的现象及其影响因素。质性评估主张全面，鼓励评估者关注现象的全局性和相互关系，并对评估目标进行全方位的联系式考查，每个现象都不能独立地被理解。如今，幼儿教育课程中的质性评估策略已经开始应用，比如讲述故事、文件夹评审等。意大利瑞吉欧课程模式、美国银行街课程模式都重视对儿童的学习过程及成果进行质性的评估。他们会搜集儿童的各类创作作品和教师的观测记录，然后建立儿童的个人学习档案，这些档案的内容包括儿童的进步情况、学习经历以及他们的需求、爱好和优势，从而为优化教学内容提供宝贵的参考信息。

幼儿园课程非常繁复且庞大，仅凭单一的定性或者定量方法难以对其做出正确的评估。定量评估侧重于客观的事实分析，而定性评估则更注重主观价值观的考量。只有两者相互配合并融合，才能够提升评估的效果及精确度。换句话说，定量评估为定性评估提供支持，反过来，定性评估又成为定量评估的起点和成果。

（三）根据评估主体，可划分为内部评估和外部评估

1. 内部评估

内部评估也被称为自我评估，这是一种基于幼儿园内部或教师个人参照课程评估标准对其课程执行情况和成效进行分析和判断的评估方法。通过内部评估，幼儿园可以持续优化课程。

2. 外部评估

外部评估也被称为他人评估，是一种由专业人士或团队组成的评估方法，用于对幼儿园课程的全面执行情况进行判断。外部评估可以为教育主管部门提供有效管理课程的决策信息。2020年，教育部发布了《县域学前教育普及普惠督导评估办法》，国家教育督导检查组对各地学前教育的评估属于外部评估的典范。

（四）依据评估对象的覆盖面，可以将其分为全局性评估、局部性评估和简单性评估

1. 全局性评估

全局性评估是针对全中国、特定区域或者个别幼儿园的课程实施全方位的考量，例如对幼儿园园本课程的评估，这类评估涉及面广且包含众多变数，因此其复杂程度较高。

2. 局部性评估

局部性评估是针对全国或地区幼儿园的某个课程或者某一幼儿园内部课程的某个方面进行的，例如，对幼儿园课程资源的状况进行评估。

3. 简单性评估

简单性评估是对特定的、微观的课程元素进行的评估，例如对幼儿教师课程设计技巧的评估。

（五）根据评估的标准，可划分为相对评估、绝对评估以及个体内差异评估

1. 相对评估

相对评估是指从同一类别评估标准中选择出一种或者多种作为参照物，然后依次和这些参考点做对比，来确定它们是否符合这个标准、达到了什么程度。例如，以某个模范幼儿园的教职员工的教育理念水准为基础，再去分析一下本地其他类似等级的幼儿园教师的情况，以此来衡量他们到达了哪个阶段、在整个幼儿园队伍里处于怎样的地位。

2. 绝对评估

绝对评估是基于某个既定目标进行的，其主要目的在于确认个体是否实现这些目标。例如，一个城市的教育管理部门会采用本地幼儿园的分级验收准则来对某家幼儿园进行检查。

3. 个体内差异评估

个体内差异评估是将被测试者的过去与现在进行比较，或者是对其各个方面进行比较。例如，通过比较幼儿入园初期数学概念的发展水平和学期结束时的数学概念发展水平来判断他们的进步程度和教学效果。

第二节　幼儿园园本课程评估的基本要素

教育的评估和改革是一个全球化、历时性和实操型的问题，它受诸如历史文化的传承、社会经济的发展程度和社会意识等多个方面的影响，并且影响着不同的参与者。因此，需要有克服困难的决心和持之以恒的精神来对这个问题进行全面的设计，辨证施治并找出关键点进行突破。2020年10月中共中央、国务院印发的《深化新时代教育评价改革总体方案》指出："完善幼儿园评价。重点评价幼儿园科学保教、规范办园、安全卫生、队伍建设、克服小学化倾向等情况。"2021年12月教育部等九部门印发的《"十四五"学前教育发展提升行动计划》明确指出："教育部出台《幼儿园保教质量评估指南》，各省（区、市）完善幼儿园质量评估实施办法，将各类幼儿园全部纳入质量评估范围，树立科学导向，强化过程评估，引领教师专业成长，全面提高幼儿园保教质量。"2022年2月教育部印发的《幼儿园保育教育质量评估指南》进一步完善了以促进幼儿身心健康发展为导向的学前教育质量评估体系。作为全面深化教育领域综合改革的重要环节，深化新时代教育评价改革，既是国家所需，也是时代所需。在深化新时代教育评价改革的大背景下，构建幼儿园课程评估体系对引领和促进学前教育质量，起着至关重要的作用。

一、幼儿园课程评估的主体

（一）多元化的评估主体

幼儿园课程评估的主体包括教育行政管理人员、幼儿园园长、教师、幼儿、家长等，他们分别在评估中扮演着不同的角色。教育行政管理人员在引导幼儿园课程方面扮演着重要的角色，园长则是决策和实施的主要人员。教师的核心在于了解幼儿发展水平并优化课程，而幼儿可以通过行为反映课程的实际效果，因此教师应该密切关注幼儿的反应和调整教学方法。父母作为儿童教育工作者关键的协作者，对于教学内容的评价和反馈直接体现了学校是否能充分回应他们的期望。家庭在决定学校的课程内容中起到了重要作用，而父母的观点会影响学校的存续及进步。然而，有时候家庭的教养理念可能并不完全符合学校的标准，甚至可能是误导性的。所以，怎样有效利用家庭的力量来推动校园课程的发展，是目前幼儿学前教育亟待解决的问题。

（二）对评估主体的专业要求

对于幼儿园课程的评估涵盖了社会的文化和价值观框架、教学观念与方法论，同时还涉及教育设计者、评判员、行政人员、教师及父母等多主体。此外，由于课程内容广泛且多元化，包含许多变数和影响因子，这使得课程评估变得困难而复杂。所以，对评估者的专业技能有着很高的要求。

桑德斯提出的评判者的评判力包含以下五个方面：一是对目标内容的理解，即明确需要评估的内容及其涵盖的领域、关键特性及核心属性等信息；二是对评估环境中的认知深度，是影响评估结果的关键要素之一；三是定义合适的评估目标，通过此方式可以明确评估的目的，从而引导出评估的路径；四是确认评估对象的价值或者优势，能够识别并且证实衡量标准的准确性，以便为后续的评估决策提供依据；五是强调道德准则的重要性，它代表着具备正确的行业操守意识。

二、幼儿园课程评估的客体

幼儿园课程评估的客体即评估对象，具体表现为幼儿园课程评估的内容和范围。幼儿园课程评估主要包括：幼儿园课程方案评估、幼儿园课程实施过程评估、幼儿园课程效果评估。

（一）幼儿园课程方案评估

对于幼儿园课程方案的评定与审查是由学龄前的教导机构或者学校执行的，他们会对比并挑选各种预先准备好的学习项目，以此来确定其教育的核心观念、组织架构及所需的教育资源等元素是否有足够的科学性和实用性，从而做出决策，决定是否采纳这些内容或是将其推荐给其他地方使用。而幼儿课程的主要构成部分如下。一是课程理念，这是一种编写幼儿教材的核心指导原则，通常能体现出作者持有的儿童视角、教育视角及教育价值观。对课程理念的评估，主要评估课程理念的正确性（是否符合《规程》《纲要》《指南》以及当代儿童发展理论的要求）、清晰度（表述清晰、观点鲜明、简明、通俗易懂)、一致性(理念本身一致)、综合贯通(体现在方案的方方面面)。二是课程结构,评估其是否合理,是否促进幼儿全面发展。三是课程资源,评估其是否丰富,是否方便本园使用。四是幼儿园的课程目标,也就是幼教人员对儿童在特定学习时间段内的学习成果的期望。对于幼儿园课程目标的评估主要涵盖了方案目标的适应性、结构性、连贯性以及与课程理念的关联等因素。五是幼儿园课程内容,评估其是否符合地方特色。六是幼儿园课程方案的活动计划,评估其是否合理。

(二)幼儿园课程实施过程评估

对于幼儿园课程实施过程的评估考核属于一种持续性的评估考核,它是整个教学评估的核心部分,其主要关注点在于:观察儿童在课堂活动中表现出的积极态度、参与程度及情感波动;分析教师的行为举止,例如他们如何管理学生、采用的管理策略、教育的理念和方法等;研究师生的交流效果;考察学习环境,比如设施设备的使用情况等。借助这种教学流程的评估考核,教师可以通过不断的自我反省来确定教学目标、教材内容及其教学手段是否符合儿童的发展需求;实时追踪儿童对教学内容的接受能力,找出潜在的教育问题并迅速做出相应调整。幼儿园的教学流程是一个由"教师教"和"幼儿学"共同构建的双向活动,所以需要从两个方面去考量这个教学流程的评估考核,即"教师教"和"幼儿学"。

1. 对"教师教"的评估

作为教学活动的执行者,教师对于实现预期的教学目标至关重要,所以评估幼儿园课程的实施情况,首先要关注的是"教师如何教授"这个环节。幼儿园课程常见的教育活动实施形态包括游戏活动、教学活动、生活活动和区域活动等。对幼儿园课程实施情况的评估,应该依据实施路径的特性和需求来做判断,无论哪种方式都需要观察教师的教学方法及技巧是否契合幼儿的生理心理成长规律,能否让幼儿的主导地位得以充分体现,有无推动幼儿积极且高效地学习等。例如,在游戏活动中,教师看似"不教",实则将"教"隐含在游戏环境和材料中,通过在游戏环境与材料中设计教育引导点,让幼儿在无意间实现教师所期望的发展。

2. 对"幼儿学"的评估

幼儿的学习特性与中小学生有很大区别,幼儿的"学"主要是由个人爱好和需求所驱使,并且以积极探索式、自主探究式等非有意学习模式为主。对

"幼儿学"的评估，关键在于观察他们在课堂活动中表现出的行为特征，例如积极性、投入深度、情感状态等，以此来衡量他们是否能适应当下的课程安排。此外，"幼儿学"的内容、方法、环境等也是评估的重要考量因素。

（三）幼儿园课程效果评估

幼儿园课程效果评估是一项终结性评估，它是在课程执行完毕后，对儿童及教职员工身上的进步或者退步情况进行的解析和判别，这是评估课程计划和教师教学实践适应程度的关键步骤。课程效果可能表现为明显或者隐藏的形式，可能造成长期的影响也可能是短暂的影响，可能是预期的也可能是未曾预料到的结果。对于幼儿园课程的评估通常会从幼儿的发展、教师的行为及发展、父母的反馈三个角度来展开。

1. 幼儿的发展

我国幼儿园教育的主要任务是推动儿童全方位成长，这一总体目标可以细分为体能和运动能力提升、智力发展、道德品质与个性塑造三部分。对幼儿发展的评估不仅关注他们所学的学科内容，也要看他们在学习过程中展现的态度、技巧和行动模式等内容。值得注意的是，在幼儿的发展测评标准里，每个单独的标准都无法涵盖所有的发展需求，而是仅仅代表某个方面或者某一部分的需求。唯有通过一系列互相关联的标准来构建有序且合理的层级架构，才能完整展示这些目标。

2. 教师的行为与发展

一方面，评估教师的行为主要是看他们能否提供适合幼儿学习的经验，这些经验是不是基于他们的日常生活，与幼儿现有的知识有无关联，有没有考虑到幼儿的整体发展和个人特点，能不能创造出有益于幼儿成长、学习的氛围，会不会提前准备好有教育价值的教育资源，会不会注重提高幼儿的学习技能等。另一方面，评估教师的行为发展，即幼儿园课程实施之后，是否促进了教师课程观念的更新，是否提高了教师的课程实施能力，是否提高了教师的职业能力等。

3. 家长的反馈

家长作为课程的参与者、评估者、审议者，其反馈和评估影响着幼儿园课程的发展。家长作为幼儿发展的支持者、幼儿活动的督促者和课程资源的提供者，对幼儿的发展与幼儿园课程的发展起着积极的作用。因此家长在课程实施后的反馈也能体现课程效果。课程实施后，家长是否增强了对课程的认知力，是否深化了对幼儿园课程的理解和掌握，是否真实地理解了幼儿的实际需求并找到了适合他们成长的相处方法等，都可以作为评估课程执行效果的标准。

三、幼儿园课程评估的标准及指标

（一）幼儿园课程评估的标准

建立合适的评估体系，首先可以增强对课程改良的支持，并确保学习理念和实践方法的正确性；其次，可以提升教师的积极性和自我意识，更有效地调整和优化教学内容；再次，有助于评估过程标准化，确保所有评估视角和方法都能遵循相同的核心价值观，从而保障评估结果的专业性和合理性；最后，也可以公平客观地分析课程的优缺点，做出适当的评价。无论何种类型的评估都需要基于特定的评估准则，但是由于不同价值观的影响，可能存在多种评估准则，如美国幼儿教育协会（NAEYC）编制的《幼儿园课程整体评价标准》是由20个较为抽象的问题构成。尽管这些评估标准的范围较广，但是它们提供的具体问题具有很高的准确性，仍然能为教育从业者设定个性化的评估标准和指标提供有力的借鉴。

（二）幼儿园课程评估的指标

评估指标是一种具体的、可测量的、行为化的评估准则，是根据可测量或可观察的要求而确定的评估内容。标准是评估的依据，是评估维度应该达到的水平；指标是评估的维度或内容（项目）。构建适宜的指标体系是评估工作中极为关键的一环，它包括一系列具体指标所组成的指标集合以及相应的权重系数。在一个指标体系中，任何一项指标只能反映目标的某一方面，只有把指标系统化，组成系统的指标体系，才能反映目标的整体。在《学前教育评价》一书中，王坚红提到了"幼儿发展评估指标系统"，这是南京师范大学教育科学研究所与南京实验幼儿园合作研究的成果，在上海市教育委员会教学研究室主编的《幼儿园课程图景：课程实施方案编制指南》中也提到了"课程实施有效性的信息分析指标"。

需要特别注意的是，制订评估方案是一项整体性工作，构建指标体系和标准体系并不是割裂的，而是有机联系在一起的。指标体系一般分解到三级，然后确定具体的评估标准并分别赋值，如霍力岩等著的《学前教育评价》中的"5岁幼儿发展评估方案中标准体系的形成（部分呈现）"。

四、课程评估的方法

幼儿园课程评估的方法主要分为量化评估与质性评估两大类（详见第五章第一节幼儿园课程评估概述中幼儿园课程评估的类型），具体而言幼儿园常用的评估方法包括：测验法、问卷法、访谈法、观察法、文献法、逸事记录法、人物推定法、投射法等。

第三节　幼儿园园本课程评估的过程

一、幼儿园课程评估的过程

从宏观层面看，课程评估过程大致可以分为确定评估目的、设计评估方案、实施评估和处理评估结果四个阶段。

（一）确定评估目的

评估过程中的一切活动和所付出的努力，都必须紧紧地围绕评估目的，否则将导致人力、财力浪费，或使评估达不到预期成效，反而产生负面影响。此阶段主要涉及三个问题，即"为何评估""由谁评估""评估什么"。具体为：一是确定评估的直接目的，是为了鉴定某幼儿园的课程质量、判断是否已经达到某些标准、是为了甄别教学活动中特别优秀的教师以资鼓励，还是为了更公正地向家长报告儿童的成长状况。二是明确评估的主要组织者和评估者，如果评估目的是鉴定质量，主要由上级行政管理部门执行评估，评估者可能是幼儿园以外的专门人员。三是确定评估的内容和目标，如在对幼儿园课程进行评估时，是全面、系统地评估课程的合理性、特色性以及效果，还是仅针对某一项课程结果来评估孩子的发展情况。

（二）设计评估方案

评估方案是指整个评估工作的总体结构与工作计划，是评估工作的关键性指南，也是整个评估过程技术性较强的一环，一般包括明确评估所依据的目标

（一般根据《纲要》《规程》《指南》的目标精神要求，建立评估目标框架）；设计评估指标及标准体系；确定收集资料的方法和步骤；准备评估记录表格与文件；确定评估人员的分工及合作、预算费用、完成时间表、对参与评估的人员进行培训等内容。

（三）实施评估

在实施评估的过程中，需要遵循预先制定的评估计划，其中包含宣导解说、组织筹备、数据收集、评估及打分、总结整理等步骤。首先，应做相应的组织准备，例如指定负责人搜集数据，邀请相关领域的专业人士给予协助或者设立独立的评估委员会。同时，也要积极开展宣传活动，阐明评估的目的及其重要性，引导公众客观公正地对待评估结果。其次，根据事前拟定的评估策略来严谨细致地收集所需的信息。在此过程中需要注意的是，尽量有效地管理可能影响到准确判断的所有关键要素，比如设定评审员的行为规范，防止个人倾向的影响，严防虚假信息的出现，确保提供的数据真实可靠。再次，依据既定的评分规则和方法，仔细且精确地为每个项目打分。最后，快速并且精准地整合所有已有的数据，便于展开对评估成果的分析和处理。

实施评估过程中的所有任务互为补充，紧密关联，如果任一阶段出现遗漏或错误，可能会对测评的效果产生重大影响。收集整合来自不同渠道的数据，核实数据的准确性和有效性，这是开展测评成果解析的关键步骤。所以，为了确保工作的品质，需要全方位地计划与协调。

（四）处理评估结果

处理评估结果主要包括：诊断问题、形成评估结论、检查与评估评估质量。首先，依据评估结果分析和诊断幼儿园课程的问题和缺陷，把相关的重要信息整合进评估报告中，以便指导幼儿园课程的改革决策或者有针对性地调整课程计划。其次，在对评估资料分析的基础上形成评估结论，结合有关的教育与儿童发展理论和研究成果，考虑评估中客观存在的局限性，做出综合性的价值判断。最后，评估结果不但包括对评估问题的解答，而且含有对评估本身质量的考察。评估的结果处理和结论的构建应以评估目标为依据，需要谨慎且合理地审查和限定此次评估的效能和可信度，以便对结论进行修正或优化未来类似的评估方案。

做出评估结论之后，评估人必须根据客观的评估实施过程与结果撰写评估报告。

二、幼儿园课程评估的注意事项

为了确保评估效果并提升评估品质，需要遵循科学性、发展性、全面性和多样性等原则来进行幼儿园课程的评估。在此基础上，幼儿园课程评估需要注意做到以下几点。

（一）坚持自评为主，发挥课程评估的发展性功能

主动确立幼儿园的主体地位，从自身出发，努力构建满足需求且全面的教育测评策略。在此基础上，要坚定地维护幼儿教育的主导权，并在整体规划上做出决策。与此同时，也要激励教师根据自己的教学实践来开展持续性的教育教学质量检测，以便找出存在的问题，并对之做出相应的反应、调适及改进。此外，在制定幼儿教育质量测评体系时，要确保其所设定的教学目标与实际执行情况相符，这样才能发挥测评系统引导教师正确行动的作用。如此，幼儿园课程评估才能发挥出促进改善与发展的作用与功能。

（二）坚持多元主体参与，凸显课程评估的科学性

除了班级教师外，还可以邀请来自不同领域的专家如教育管理者、同校的其他教师、研究小组负责人、园长、父母及社区成员共同参加幼儿园课程的评估工作。这样可以从多个角度获取关于评估的信息。同时，也要考虑并分析这些参与者的能力和实施的可能性，避免因追求更多的评估对象和种类而草率地展开评估活动。因为评价是一项具有高度专业性的任务，所以在开始之前，必须为相关的参与者提供适当的评估训练和指导，否则所获得的数据将会失去其真正的价值。比如，要求全班孩子或他们的父母去评估教师的教导质量，或是仅通过学生的选择就决定"最受孩子喜爱的优秀教师"，这样的做法既会使教师感到不公，也无法得出有深度的专业意见，变成做表面文章。因此，幼儿园应该根据评估标准，整理并设定哪些课程指标适合哪种类型的评估者参与，以便确保评估过程的合理性和有效性。

(三)坚持多种方法综合运用,突出课程评估的客观性

对幼儿教育课程的评估涉及许多方面且涵盖大量内容,因此在执行过程中应注意采用多元化的策略。例如,在对幼儿课程进行评估的过程中,需要同步关注书面记录和实地考察两个维度的数据,特别是需要强调二者间的联系程度。通过书面材料能够反映出幼儿教育课程的发展历程及路径,而现场调查则能确认这些情况是否真实地反映幼儿教育课程的常规运作状况。

(四)坚持课程评估指标园本化,彰显课程评估的操作性

当前存在多种形式的幼儿园教育评测准则,各幼儿园在构建自己的评测系统时可以借鉴,但是必须根据每个幼儿园的具体情况做出相应的修改。由于不同幼儿园的教育宗旨、教学观念及目标都有所区别,他们的教学计划制定和执行的标准也可能有异同之处。因此,各个幼儿园应密切根据自身实际状况来建立合适的教育教学测评准则,明确定义符合自己学校特点和目标的考核项目及具体步骤,以确保教育教学评测工作能在该校更具操作性。

(五)坚持科学分析与反馈评估结果,注重常态化评估运行机制与制度的建立

幼儿园课程评估过程中要注重幼儿园课程评估信息的收集与信息间的联系,并尝试对评估结果做出科学解释与分析,以保证评估的监控、调整作用能得到切实发挥。学校应该重视教育体系的有效运作,可通过教学管理来构建一系列常规的教育评估和操作流程,以确保对教育环境进行有效监测。例如,每学年开始和结束时都应该为每个孩子做一次全面的发展测评;每个月教师都要对自己的教学实践做一个自我审查等。这样一来,利用这些定期的教育评估系统,可以持续改进、升级及优化教育活动的设计与执行过程。

第六章

幼儿园园本课程中教师的专业发展

第一节　园本课程中幼儿教师的角色定位

在旧教育框架下，幼儿教师承担了不同的职责：他们是教学计划被动的实施者，是知识的传授者，还是严格的教育管理人员。但是新《纲要》对他们的期望有所不同，他们需要扮演"课程开发者""学生学习和发展的推动者""课程的反思者""课程评估员"等多种身份，并积极参与到学前教育的每个阶段，以便最有效地推进儿童的成长。

一、幼儿教师是幼儿园课程的研发者

传统的课程计划主要由教育学者、权威人士及管理层做出，教师鲜少或者完全无缘于教学目的设定、教材选择、教学策略安排与评测反馈等环节，换句话说，教师没有被赋予参与教学设计的权利，幼教从业者仅能充当教育的消极执行人。但实际上，幼儿园教师身为实际操作的一线工作人员，实战经验最为丰富，对于儿童教育来说，他们应该是最有话语权的人群，因此，新《纲要》也强调了幼儿园教师应该转变为主动的研究者、创作者、策划师。

新《纲要》强调："教育活动的组织与实施过程是教师创造性地开展工作的过程。教师要根据本《纲要》，从本地、本园的条件出发，结合本班幼儿的实际情况，制定切实可行的工作计划并灵活地执行。""教育活动目标要以《幼儿园工作规程》和本《纲要》所提出的各领域目标为指导，结合本班幼儿的发展水平、经验和需要来确定。"这也意味着，幼儿教师必须利用他们的教育资源，考虑到幼儿所在的环境和自身的特点，创设符合地方特色、国家背景、班级特性和个人能力的课程。

为满足本土及幼儿教育的实际需求并充分发挥教师的专业能力，需要对现有的教学计划做出调整以符合实际情况。由于每个人的成长环境与幼儿的发展起点各不相同，因此无法完全依赖他人的教学策略。为确保幼儿园能够高效推动幼儿的成长，每一位教师需要结合自身的教育环境来灵活运用他人提供的基础教材或发掘所在地的潜在教育资源，制定出最适宜于特定区域、幼儿班级的个性化园本课程。

在开展课程研究时，幼儿教师应当关注以下几个方面：

（一）开发的课程应该能够有助于实现《幼儿园保育教育质量评估指南》及新《纲要》对幼儿园保育与教学的目标设定

当幼儿教师进行课程开发时，必须始终谨记的是：学前教育的核心目的是实现教育目标并推动儿童的发展，而不是单纯追求教学内容本身。因此，在设计教案时，需要有清晰明了的教育目标，以此作为选取课程主题、方式与方法的基础依据。课程开发应该以满足教育目标为主导，任何人都不应该按照个人偏好或者情感状态去自由创作所谓的"教学方案"，也不能纵容幼儿随其意愿行事，让他们任意发挥想象力和创造力。

（二）在课程开发中，幼儿教师需要充分利用和发掘国内外的幼儿教育资源

在进行课程开发时，教师应该积极运用所有可用的教学资料，特别要关注发掘幼儿园内外的教育资源。幼儿园课程资源包含以下几种类型：幼儿园环境、儿童个人与集体、幼儿家庭、文本资源等。我们需要全面探索和使用所有可能的教育资源，以扩大幼儿的学习和生活领域，推动他们健康成长。

1. 课程资源之幼儿园环境

幼儿园环境包含实体空间和心理氛围两个方面。在挖掘和运用学习场所时，需要考虑其全方位的影响力，确保安全性和清洁度，并且要考虑成本效益问题。此外，还需要依据园区本身的情况、幼儿的成长状况及教师的能力来量身定制环境，而不是盲目模仿他人的创意。幼儿园的设计应该方便幼儿与环境的互动，推动幼儿的进步。幼儿园设计的核心目标就是助力幼儿的成长，因此任何对他们发展无益的空间都应当被摒弃。为了更好地支持幼儿的成长，还需要适应幼儿生理和心理发育的特点，适当创建非均衡环境。非均衡环境是相对稳定环境来说的，它是描述幼儿与环境之间的实际差距、失衡状态和冲突的一种说法。这样的环境能鼓励幼儿自我探索、独立思考，通过实际行动解决挑战，减少过度依赖他人。创造非均衡环境不是为了让幼儿感受困惑或挫败，而是在合适的教学理念的引导下，结合幼儿的身体和心智发展特性，合理设定场景，提供一些"棘手的问题"，让幼儿亲自动手解决问题，锻炼思维能力和应对困境的能力。若儿童长时间生活在一个过度"均衡"的生活状态下，缺少对

"冲突环境"或"挑战环境"的体验和锻炼,不仅可能阻碍他们的智力成长,还可能会导致他们在未来难以应对社会的变迁。所以,根据幼儿的生理和心理发育规律,结合幼儿的理解能力,适当设立一些障碍和挑战,在保障安全的条件下,创造一种能够激发并释放他们潜在能力的情境,使他们在积极思考、主动探寻、勇敢面对各种困境的过程中,逐渐适应各类环境和社会变化。

教师是环境中不可或缺的一部分,也是幼儿学习的重要资源。教师的言行举止、情感态度都会对幼儿产生一定影响。因此,教师的仪表要端庄大方,为幼儿营造安全感,做到处处为人师表。每天都要与幼儿建立积极的互动关系,包括肢体接触、表情交流、眼神交流和语言沟通。坚持每天与幼儿交谈、眼神交流或者微笑,适当地与幼儿互动,满足他们的情感需求。教师要养成鼓励和微笑的习惯,在与幼儿的互动中更好地引导他们成长。

2. **课程资源之儿童个人与集体**

幼儿群体也是一种教育资源。不同的幼儿来自不同的家庭,拥有各自的文化背景和经济状况,具有不同的经历、性格、爱好、知识和技能,这些多样性都是幼儿园课程的重要组成部分。陈鹤琴提出"儿童教儿童"的教育主张,就是对幼儿这一教育资源的重视和利用。我们应该充分利用幼儿群体这一教育资源来促进幼儿的发展。如某幼儿园在治疗肥胖幼儿时就采用一种"同伴疗法",即让肥胖幼儿与体质较差的幼儿成为"伙伴"。通过互相影响,肥胖幼儿的饮食得以实现科学控制,同时弱体质幼儿的体质也有所改善。这种方法效果显著,充分体现了幼儿之间相互作用的潜力。在教育实践中,我们一直重视教师的培养和利用,但对幼儿群体这一丰富的教育资源的开发和利用仍有很大的提升空间,这是我们以往忽视的一个重要方面。

3. **课程资源之幼儿家庭**

幼儿父母作为幼儿园教学的关键要素之一,教师应该热情且真实地,秉持尊敬、公平、协作及支援的态度,鼓励父母积极投入儿童的教育过程,寻求他们在物质上给予的支持、知识领域内的协助以及教导经验的共享。首先,教师需要加深父母对于幼儿园工作的认识,以及对儿童教育的理解和介入。比如,有些幼儿园会在"环保知识比赛"中邀请家长和幼儿一同查找关于沙尘暴、酸雨、空气污染、水污染等相关信息,让他们在假期里带幼儿去实际观察并且探讨水如何变脏、汽车排放的废气有哪些影响、如何正确处理垃圾分类等问题。这些问题都是基于幼儿的日常体验来展开,旨在帮助他们更好地理解和感受大自然、环境与人类之间的紧密联系。这个活动不仅能让幼儿学到各种学习技巧，还能激发他们的环保意识。家长们也表示，在这个过程中，受益匪浅的不只是幼儿，也有他们自身。其次，教师也应当运用自己在理论素养和实践经历中的比较优势，用专业的知识、分析能力和应对方式积极地助力父母更新养育理念、改进教育行动，学会更多的适合且有效的方法，增强亲子间的关系，提升教育效果，从而共同推进儿童全方位健康成长。

4. 课程资源之文本资源

对于"文本资源"的使用，教师需要考虑到幼儿园及班级的实际状况，并结合个人的专长做出适当调整。教师要擅长融合各类教学资料，而非生硬地复制他人设计的详细执行计划。

在全球范围内，特别是文本教学方案，没有最优秀的课程设计，只有最符合教师和儿童需求的课程设计。

（三）进行课程开发时，幼儿教师必须妥善处理预设课程与生成课程的关系

生成课程是教师与幼儿交互过程中的产物，其核心在于根据幼儿的需求及兴趣来评估事物的价值并相应调整教导方式以便产生更高效的学习效果。这是一种持续性过程，会随着教师和幼儿探索世界和社会而发生变化，并非是固定不变的教育方案或幼儿毫无目标的活动行为。

预设课程是指在教学开始前就已设定好的方案或计划，通常较为严谨且细致入微。课程的设计包括各个阶段、各个部分的具体操作流程，并对其进行深入阐述。为实现既定目标，各环节紧密衔接，逐步引导学生走向成功，最后对教育成果的评判也基于预期的标准。

预设课程具有较高的规划性、明确的目标和系统的结构，若设计合理，便能有效实现教育的目标，确保儿童的基础成长，特别是对掌握必要知识和技能需求的满足。不过，这种方式也存在一些挑战，如可能无法完全匹配孩子的兴趣和需求（尤其是在短期内），导致虽按照既定步骤执行课程但忽略了他们的热情，错失一些有利的教育时机，从而影响幼儿的潜力发挥。例如，在一个科学探究活动里，当幼儿看见教师把吸管插进水杯里制造出各种颜色的小气泡后，所有人都激动地大叫起来："太有趣啦！"很明显，他们想要立刻尝试一下这个游戏，但是教师出于教学目的，没有考虑幼儿当下的兴趣，而是拿起另一个装满水的塑料瓶开始下一环节的内容,并且告知小朋友:"现在我们要做的是……稍后再给大家足够的时间来尽情玩耍!"尽管老师已经做了这样的提示,孩子们却并未立即将注意力转移至教师希望他们关注的事物,仍有一些孩子自发地去尝试"吹泡泡",遭到教师的阻止。

生成课程需要充分考虑儿童的当前需求和兴趣。根据儿童的兴趣来设计课程,可以激发他们学习的积极性,使得他们更主动、更有效地学习。然而,生成课程存在一些问题,如其系统性不够强,并且对教师的全面素质提出了较高的要求。

在传统的教学框架下,学校过于看重已经设定好的教材内容,忽略了生成的教学方式对孩子成长的重要性。这导致教师经常会无视儿童的当前爱好和需求,仅依照教案中的计划来执行,而不是关注他们的实际需求。这样一来,常常会导致教育的预期目标无法实现。

在实践过程中,我们倡导将两类课程相结合,尤其是把预设课程所包含的现代教育思想融入设计和执行预设课程的流程中。在推动儿童成长时,将两种课程互补并进,更有效地发挥课程的全面教学效果。第一,生成课程和预备课程都是推动幼儿进步的一种方式,因此,不论选择哪一种课程,都需要思考如何更有效地实现幼儿教育的总体目标。这两种课程并无绝对的优劣之分,只要使用得当,都能有效地促进幼儿的成长。第二,尊重儿童的兴趣并激发他们的爱好。第三,在制定课程执行计划时,应该全面考虑每个儿童的需求和兴趣,增加多种设想,提供更多课程发展的可能性,以便在实施过程中对儿童的各种反馈做出适当的处理。第四,在执行课程时,如果发现孩子真心喜欢且具有很高的教育和成长价值,就应该大胆地打破之前设定好的课程方案,及时调整教学活动的内容,以便更好地推进孩子的成长。第五,一旦察觉到原本设定的学习时间和进程与幼儿学习实际状况不符,就不能固守最初设计的教学计划,而是要依据幼儿的热情度来灵活调整活动。

幼儿园课程的核心价值在于推动幼儿的成长。幼儿教师只要记住这一点,就可以妥善处理预设课程与执行课程之间的关系,充分利用各种机会,更有效地推动幼儿的成长。

(四)在进行课程开发时,幼儿教师需要关注整合课程的所有元素

整合的含义在于将各种类型和性质的事物融为一体,形成一个完整的系统。关键在于建立各组成部分之间的有机联系，以实现最大的全局效益。

幼儿园课程整合性是指课程系统中各要素的整体协调、相互渗透，最大限度地发挥其教育效益。幼儿园课程整合是手段，而不是目的，幼儿园课程整合的目的是建立课程各要素之间的有机联系，进而发挥课程在促进幼儿发展方面的最大效益。我们反对为整合而整合，更反对以"整合"作为课程先进与否的标志。幼儿园课程的整合，包括对构成幼儿园课程的所有要素和方面的整合，如观念整合、目标整合、内容整合、方法手段整合、活动形式整合、课程资源整合等。幼儿园课程的整合应该是全方位的整合，而不应仅仅是课程内容或其他某一方面或某一元素的整合。在此，我们想特别提醒大家的是：在课程内容的整合方面，无论从哪个方面、哪个维度去整合，它都存在内容相对被割裂的问题，因此，在根据某一线索或元素来进行课程内容整合后，要注意适当对被割裂的课程内容进行相应的"弥合"，以便实现课程内容更高质量的整合，进而更好地发挥课程在促进幼儿发展中的整体功能。在课程内容的设计方面，应该尽可能地让幼儿感受到知识、经验、技能、事物是相互联系的，而不是相互割裂的。

（五）在课程开发过程中，幼儿教师必须全面考虑儿童成长所需要的重要经验

幼儿所学知识广泛，对幼儿成长意义深远的事项繁多，但并非所有东西都需要包含在幼儿园的课程中。当前，许多幼儿园存在着课程负担过重的问题，一些幼儿园的孩子们从早晨7点30分入园，直到傍晚17点30分离园。他们在园内忙些什么呢？除了应对上午和下午的教学活动外，还需要学习绘画、游泳、体操、围棋、钢琴、英语、舞蹈、讲故事、珠算、识字、书法等。为了让孩子一展所长，家长们也煞费心思，让孩子每天忙于各项兴趣班，甚至双休日也难免。经济利益和社会声誉也是导致幼儿园课程超负荷的重要因素之一。

幼儿园课程的负担过大，揭露出教师和家长对于幼儿在这个年龄段应学习哪些知识、避免接触哪些内容的理解仍然不够清晰。很多人的观念是，无论是什么主题的内容，如果幼儿能够掌握，那么它们都具有价值。此外，由于学校关于儿童学习的规定没有明确定义，因此过度教学的现象就不可避免地出现了。

对于幼儿来说，他们需要学习的是那些对他们当前及未来成长具有重要影响的知识、技巧与观念。然而，究竟哪些是这些关键性的经历呢？接下来，将会展示由美国的高瞻教育研究基金会基于皮亚杰的认知发展观点，结合了当代的教育心理学研究结果而创建的一系列独特的儿童认知发展课程中的关键经验，以供各位在设计教学内容时借鉴。

1. 主动学习的关键经验

关于主动学习的关键经验主要体现在以下方面：①积极利用视觉、听觉、触觉、味觉和嗅觉等感官，主动探索和发现周围世界。②通过亲身体验和实践，发现事物之间的内在联系和规律。③通过操作、转换和组合各种材料，加深对材料特性和功能的理解。④在学习和活动中，自主选择材料、活动内容和目标，以增强自主性和责任感。⑤学习并掌握使用各种工具和设备的技巧，提高动手能力。⑥参与大肌肉活动，如跑、跳、爬等，以促进身体协调性和健康。⑦培养独立完成个人事务的能力，如穿衣、洗漱等，增强自我管理能力。

2. 语言运用的关键经验

语言运动的关键经验主要体现在以下方面：①与他人分享个人有意义的经历，通过语言交流增进理解和友谊。②学会用语言描述物体、事件和事物之间的关系，提高逻辑思维和表达能力。③用语言来表达个人的情感和感受，增强情感表达和沟通能力。④教师将幼儿的口头表达记录下来，并朗读给幼儿听，以增强语言的书面化和正式化。⑤通过念儿歌、编故事、倾听诗歌朗诵和故事讲述等活动，从语言中获得乐趣，培养对语言的兴趣和热爱。

3. 创造性表征的关键经验

创造性表征的关键经验主要体现在以下方面：①通过听觉、触觉、味觉和嗅觉等多种感官来认识和理解物体。②观察并模仿他人的动作，学习行为模式和动作技能。③将图片、照片和模型与实际环境和物体相联系，提高认知和联想能力。④参与角色游戏和装扮活动，通过模仿和扮演来发展想象力和创造力。⑤使用泥、积木等材料进行造型创作，培养空间感和创造力。⑥使用不同种类的笔进行绘画，通过视觉艺术表达个人想法和情感。

4. 发展逻辑推理的关键经验

由于分类、排序和数的概念是逻辑思维的重要组成部分，关于逻辑推理的关键经验，又可以通过这三个方面来认知。

（1）分类是将事物根据共同特征或属性分组的过程，第一，可以通过观察和描述事物的特征，理解事物的基本属性；第二，可以关注并解释事物之间的差异和相似性，进行有效的分类和匹配；第三，可以通过不同的方式使用和描述物体，以增强对物体多功能性的理解；第四，可以描述物体不具备的特性或未归入一类的类别，以扩展对事物属性的认识；第五，可以同时关注物体的多个特性，如询问"你能找到既是红色的又是木头做成的物品吗？"以促进综合思维；第六，通过区别"部分"和"整体"的概念，理解事物的构成。

（2）对事物进行排序，比较不同物体的大小、重量、质地、声音、硬度、长度、高度、宽度、锋利度和亮度等属性；依据特定属性排列物体，并描绘它们之间的联系，如最长的、最短的等。

（3）灵活运用数的概念，比较数和量，如多或少，等量或更多或更少，总数相同；通过一对一的方法比较两组数字群的总量，如杯子和小朋友的数量是否相同；通过点数物体和唱数，以培养数感。

5. 理解时间和空间的关键经验

理解时间和空间的关键经验，可以通过对空间关系和时间的理解来进行。在空间关系上，可以通过装拆物体，理解物体的结构和空间组成；可以通过重新安排物体在空间中的位置，观察空间位置的改变，如折叠、弯曲、铺开、堆积、打结等；可以从不同的空间角度观察事物和场景，以增强空间感知；可以体验和描述物体的相对空间位置，如在中间、在旁边、上去、下来、在上面、在……以上；可以体验和描述物体和人的运动方向，如去、来自、进去、出来、朝向、远离；可以体验和描述事物之间和地点之间的相对距离，如靠近、不近、远、紧靠、相隔、在一起；可以体验和表征自己的身体结构和各部分功能；可以学习了解教室、幼儿园以及周围环境中各种物体的位置；可以理解图像和画面中所展示的空间关系；还可以识别和描述各种形状。至于对时间的理解方面，可以通过制定计划和完成计划，以培养时间管理和执行力；可以描述和表征过去的事件，以增强对历史的理解；可以通过语言预测即将发生的事件，并做好必要的准备；可以按信号开始或停止一个动作，以培养对时间的控制；可以识别、描述和表征事件的顺序，以理解时间的连续性；可以体验和描述不同的运动速度，以感知时间的流逝；可以学习使用时间单位，如早晨、昨天、小时等，来描述过去和未来的事件；可以对比时间的距离，如短暂、漫长、新颖、陈旧、年轻、年老、一瞬间、长久；可以注意观察，把钟表和日历当作时间消逝的标记；还可以观察季节的变化，以理解时间的周期性。

上述的内容只是幼儿在认识能力提升过程中必须掌握的重要知识和技能，那么，他们对于情绪反应、生理功能及体格成长所需的核心经历又是怎样的，具体包括哪些内容呢，这是非常值得探讨的话题。如果不解决这个问题，可能会带来三个潜在的影响：首先，无法持久推动孩子全方位的进步；其次，会让孩子错过很多重要的学习时机，从而造成长期的发展缺失或者难以挽回的结果；最后，由于"从小培养"这个标语的引导，一些并非核心内容的教学也被纳入幼儿园的教育计划中，使得教育负担变得更加沉重。

二、幼儿教师是幼儿学习和发展的促进者

在新《纲要》的要求下，幼儿园教育中的关键任务是让教师转变为推动幼儿成长的教育工作者。这意味着教师需要摆脱"只负责教授幼儿知识与技巧"的传统观念。他们的重点应转移到提升幼儿的各项能力及协助他们实现个性与人格的健康平衡发展上来。

作为幼儿学习与成长的推动者，幼儿教师必须遵循以下几个原则：

（一）扮演好支持者、合作者、引导者

为推动儿童的成长进步，新《纲要》提倡"幼儿园教师应成为幼儿学习活动的支持者、合作者、引导者"。

如何正确设定教师在师生交流过程中的角色，这是一个关键性的议题。当前，很多幼儿教师与儿童间的沟通障碍都是由于教师未能准确把握其角色所致。在其交互过程中，部分教师倾向于把自身视为严格的管理人员、知识传授者，并期望幼儿完全遵从他们的指导或者教学方式。受此影响，幼儿往往更愿意被看作是顺从的一方，愿意遵循教师的指示。这是一种由教师主导的教育方式，其目的是满足教师传授知识与技巧的需求。在这个过程中，幼儿处于被动的学习状态，他们需要遵从教师的指令，缺乏自主学习的动力及探索的空间。幼儿的独立性和个性并未得到应有的重视，因此难以实现真正的成长。

新《纲要》关注儿童的长远成长需求，并期望他们掌握独立地获取知识的方法，懂得团队协作的重要性，同时具备探索未知的勇气。这意味着教师不再仅仅是单纯的教育传授者，而需要成为孩子学习活动中的支持者、合作者、引导者。

幼儿在学习和成长的过程中，会遇到各种困难，这时就需要教师的支持和鼓励。作为幼儿教师，需要观察幼儿的细微动作，了解他们最需要的东西，

并在必要时提供物质或心理上的支持。物质上的支持包括提供丰富的学习环境，确保幼儿有必要的资源。心理上的支持则需要教师用关爱、尊重、接纳的态度对待幼儿。与幼儿交流时，要保持平等和尊重，避免强制、威胁等不当的表达方式，多采用商量的口吻。此外，教师要注意保护幼儿的自尊，不在别人面前揭露幼儿的短处。对于处于心理困境的幼儿，教师应该善于观察和理解他们的情绪，并在合适的时机用温暖的语言来支持、激励他们。以下是一些情况举例。

在幼儿遭遇困扰时，教师可以给予一些建议来帮助他们解决问题。
在幼儿感到沮丧时，教师需要适当地给予他们鼓励。
在幼儿感到困惑时，教师应该适时用温和的话语提醒他们。
在幼儿自我否定时，教师可以用他的优势来激发他的信心和勇气。
在幼儿感到痛苦时，教师应该尽可能地给予他们安慰。
在幼儿付出了努力却无法得到同伴的认可时，教师可以将他的优点公开展示。

此外，对于儿童主动的研究行为、独特的思维和发现，教师应当给予充分的肯定和激励。

在教师的鼓舞和支持下，让每一个孩子都能健康地向前进步。

教师需要和幼儿一起合作，促进他们的学习和发展。教师不能单方面指挥幼儿，而要注意幼儿的表现和需求，及时回应，并建立起平等的互助合作关系。在教学设计中，教师要考虑到幼儿的兴趣和特点，根据他们的反馈信息调整活动方案，以获得幼儿的积极响应。在合作学习中，教师可以引导幼儿解决困难，提出有启发性的问题，并与他们一起进行深入探讨。还需要强调一点：和幼儿一起工作并非是为了迅速找到解决方案或者给出结论，而在于深入理解他们，激发他们的思考热情，并精确地给予他们发展所需的支持。这样才能真正推动孩子的成长。

作为幼儿学习的指导者，教师必须根据《幼儿园工作规程》及新《纲要》中的教育目的，引领幼儿朝着教育的预期目标发展。然而，执行这个角色对于教师来说却是一个挑战，因为他们的领导能力在于了解幼儿的学习情况并掌握如何应对问题或者冲突。因此，教师需要对这些情境进行评估，找到它们与教育目标的关系，然后引导幼儿向积极的目标前进。在引导幼儿的时候，教师应该精确地识别每一个幼儿的最近发展区域，抓住他们成长的下一个阶段，并且针对每个幼儿的需求提供个性化的教学方法。此外，教师的引导并不是指解决幼儿的所有问题和困惑，而是通过提出一些疑问，推动幼儿的认知进一步深化。

（二）注意为幼儿提供充分活动的时间和机会

各种活动构成了儿童成长的基石，他们的成长是在与周围环境的互动中达到的。有何种行为就会产生何种进步，缺乏活动，儿童的发展也就无从谈起。

在执行幼儿园教育课程的过程中，儿童的成长是通过与周围环境的互动或实践活动，或者在与教师和幼儿的互动中，建立自我认知框架，发展自身的身心，体验并理解自己与他人之间的相互联系和情绪。

在执行教学任务时，教师应该给幼儿安排各种多元化的活动，让他们身体的各个部分都能参与其中，使他们的外在运动与内在思考（如活跃的思维、想象力，积极的热情、动力，激昂的精神状态，强烈的好奇心，自主的行为方式，创新的需求等）能够自然融合在一起，以推动孩幼儿的身体健康及心理健康均衡发展。

在执行教学任务的过程中，教师这个角色的作用在于有效地使儿童参与到活动中来。为了实现这一目标，教师需要积极调动儿童的手脚、嘴巴、大脑等多方面的身体部分。唯有如此，儿童才能够真正地成长进步。否则，即使教师投入大量精力去讲解或者展示，但若幼儿未能充分参与其中，这种教育对于儿童的发展来说都是无效的。例如，要想提升儿童的沟通技巧，就必须给他们创造使用语言进行互动的环境。假如只是一味让幼儿聆听教师的讲述，却未给予他们和其他人对话的机会，他们的口语表达能力便无法增长和优化。一些幼儿虽然已经从教师那里学到了很多故事，并在教师的指导下进行了大量的练习，但是他们仍然不能够流畅地和人交流。这个问题的关键在于大部分时候，这些幼儿接触到的语言环境是单向的，要么只能听别人讲话，要么只能自己说话，是单一方向的信息传递，极少有机会可以自由自在地跟其他人进行双向的交流。

所以，教师需要为儿童的活动提供充足的物质资源和环境，确保每个儿童都有足够的时间去参与，并且与这些资源、环境、伙伴和教师进行深度互动，从而实现充分成长。

（三）提供适宜难度的活动给幼儿，以推动幼儿的成长

新《纲要》指出：幼儿园教育"既适合幼儿的现有水平，又有一定的挑战性"，这就是说教育活动应该具有适当的挑战。适当的难度可以刺激幼儿的发展，提高他们对活动的兴趣。所谓适当的难度，就是指让幼儿付出努力并能够克服的障碍。如果轻易获得成功，幼儿会很快失去兴趣；而通过努力克服困难，取得成功，会极大地增加幼儿的成就感，从而提高他们参与活动的积极性。难度还分为生理难度和心理难度。在实施课程时，不应该让心理难度过大影响幼儿身体素质的发展，也不应该让生理难度过大影响幼儿心理素质的发展。

对儿童来说，任何缺乏挑战性的教学内容都是一种时间的无谓消耗与学习机会的损失。若任务要求过低或未形成适当的心智负担，则可能无法充分发挥孩子的潜能，导致他们的成长速度减缓，甚至停滞不前。为孩子提升难度可以从质量及数量两方面着手，使其面临适度的挑战，并确保孩子有足够的精力去应对，从而推动他们的全面发展。初始阶段，鼓励孩子在付出一些努力后就能取得成果，这有助于激发他们的积极性和增强信心。避免让他们一开始就遭遇连续不断的挫败感，影响到他们的情绪。此外，针对个体差异设计适合的活动难度也是必要的，要确保大部分的孩子都有机会凭借自己的努力赢得胜利。从动机角度出发，我们的主张是：利用成功的经验激励更多的成功，让孩子不断前进、持续努力并在过程中收获成就。我们深信，只有成功才能孕育出真正的成就感和自信心。

在日常教学中，许多教师过于关注课程的内容和形式，而忽视了通过适当提升难度来推动幼儿的成长。这无疑是幼儿园课程设计中的一个漏洞。

（四）推动每个幼儿达到与他们的成长程度和速度相匹配的发展

新《纲要》强调，幼儿园的教学旨在支持并推动所有在校幼儿的健康成长，同时也要对那些需要特别关照的幼儿给予积极的协助与援助，学校应鼓励幼儿以个性化的方式去发展自我，并且尊重幼儿在发育阶段、技能掌握程度、知识积累量及学习方法等方面存在的个人差异，根据每个人的特点来实施教学，尽力让所有的幼儿都能够得到满足感和成就感。因此，为了确保幼儿能达到他们自身发展的需求和节奏，需要注意以下几个方面：

（1）了解每个幼儿的当前成长状况与潜力是推动他们个性化发展的基石。然而，在日常教学过程中，很多幼儿园教师常常忽略对幼儿的实际经历及技能背景的认识，所有的教育教学都是基于幼儿被视为初学者或者处于同等状态的基础上展开，这种同步前进式的、统一模式的教育方式难以让所有幼儿获得符合其个人成长阶段和进步节奏的发展机会。

（2）教育计划的目标设定及结构设计应具备多元化特性，以满足各年龄段儿童的需求及其成长步伐，推动他们进步。由于不同幼儿的起步点和进展速率存在差异，教师需要关注个体特征，针对各类幼儿制定个性化的期望值，根据其能力调整教学策略，适时适量推进，确保他们在现有的基准上实现最大的提升，并且能够迅速从当前阶段跨越到最接近的未来阶段。为了达到这个目标，教师在执行课程的过程中，必须为每位幼儿准备符合他们经历、技能和需求的教育材料、进程安排、学习用具以及相应的学习方式和课堂管理模式。

单一层面的教学目标任务难以满足每个幼儿的需求和爱好，或许只有部分幼儿的能力和喜好能够适应某些特定的教育内容。对其他幼儿而言，他们可能会觉得那些教学目标过于简单或复杂。当幼儿面临着无法完成的挑战时，他们会感受到压力、挫败，并且缺乏动力。这种持续的不适感有可能引发"学习疲劳综合征"（指因为长时间面对困难而产生消极心态）和"习得性愚蠢"（一种自我否定的心态，认为自己没有能力去完成某项任务，从而选择停止尝试）。

受到各种客观和主观因素的制约，幼儿园在为不同年龄段的幼儿设定多元化的课程目标和组织方式上做得并不充分，这导致许多幼儿未能获得应有的成长，错过了接受教育和发展的绝佳机会，这是一个值得重视的问题。

（3）对于儿童的评估应当从长远来观测，减少短期的评定。教师对儿童的评估具有深远的影响，尤其是积极性的评估可以激发他们的成长。俗话说"好孩子都是赞美出来的"，这句话可以基于心理学进行深入理解。幼儿在成长过程中需要成人给予认可和激励。细心留意的话，会发现每个幼儿都在不断取得进步。在评估过程中，应该更多关注他们在日常生活中的提升，这有助于他们受到激励并继续前进。反之，若过分强调比较式的评估方式，过多地称赞那些发展较快或是表现优秀的幼儿，忽略一些虽然起步慢但非常勤奋的幼儿或者是已经取得显著进步的幼儿，那么就会让他们低估自己，认为自己比不上他人，从而失去对自己未来的自信和动力。无论幼儿是否付出努力，或者是否有进展都应当被视为积极的表现并予以认可与鼓励,而不是等他们成长到班级中的顶尖水平后才给出正面反馈和奖励。作为教师,需要始终以正面的态度和欣赏的角度来观察每个幼儿的每一处小而可贵的优秀之处,这会让他们感受到来自教师的支持和激励,从而让原本看似不起眼的小优势和小进步逐渐凸显出来。如此一来,既能激发儿童发挥自己的长处又能推动他们在各个方面均衡且全面地发展。

(五)对每个儿童提出积极的、全方位的未来期望

对于儿童的行为预期是教师的一种预判性的认知,这种认知涉及儿童可能产生的各种表现。在教学实践中,教师会对儿童产生各种各样的期待,并可能通过特定的态度与方法引导他们的发展。当教师对幼儿的未来充满乐观时,经过一定时间,幼儿确实朝着教师期许的方向成长了;然而,若教师对幼儿持有负面的、悲观的态度,那么他们在学习成绩或者品质方面就会逐渐下滑。这便是教育心理学著名的"期望效应"理论。

作为一名幼儿园教师,需要确立正确且科学的教育理念,摒弃脑海中那些陈旧和狭隘的观念,针对每个幼儿的情况做出个性化的期待,让这些期待能够转化为推动幼儿全方位成长的关键力量。无论他们的背景或外貌怎样,在我们的心中应该被视为同等重要,他们都是国家的瑰宝、民族的希望,都应当给予他们热情的关心与积极的期盼。此外,鉴于教师培育的是未来全面发展的继承者,所以对于幼儿的预期必须是全面而前瞻的,这不仅是为了引导他们的发展方向,也是为了确保国家乃至世界的未来繁荣昌盛。只有当教师从宏观角度出发,为幼儿提供准确且有利的期待,才能真正助力他们健康成长。

(六)推动幼儿成长,需要具备远见卓识,并确保这对他们未来的持续发展有着积极影响

新《大纲》强调了幼儿园教育必须既能满足幼儿的当下需求,也能助力他们的长期成长。这意味着幼儿园的教育不仅要关注短期效果,更要注重长期影响。教师需要以一种长远的视角去评估幼儿今时今日的进步,今日的幼儿教育不仅仅是看现在,也需要考虑将来,因为如果今日的幼儿没有得到适当的培养和引导,那么他们明日的成功之路可能会受到阻碍。

幼儿今日的成长绝非以损害他们长期发展的可能性作为交换，这一点必须引起幼儿教师的重视，切勿轻易顺从父母对于幼儿的短期教育的期望和需求，强迫幼儿学习过早的教育内容（例如小学生或初中生的学科技巧）。我们并不认同"父母是神圣的存在，父母的意愿即是我们机构的工作目标"这一观点。因为幼儿不仅是家庭的责任，更属于国家和社会。幼儿教师教导儿童不仅需要满足家庭的期待，还需要考虑国家的未来。换句话说，保护儿童的长久进步同样是对家庭责任的一种履行。因此，学校应该更多地开展相关宣传活动，以改变家长的教育理念。

为确保儿童的持续进步与成长，教师不仅需要教授他们各种知识技巧，还需要关注并提升他们的学习潜力，激发他们对于相关学科的热情和好奇心。绝对不允许因为追求幼儿掌握特定知识点或者具备某个特殊才能，从而损害他们对于相应活动的好奇心，这样一来，幼儿虽然可能会学到一些东西，但是也可能会对相关的学习感到乏味，甚至性格受到影响。

此外，我们也应该重视塑造可能决定幼儿未来生活的优秀品格与行为模式。这其中包含自我肯定、关爱他人、负责任、热忱、积极向上、优良的学习和生活方式等。为了培育幼儿具备这些优秀的特质和行为模式，教师需要首先以身作则，并尽力提供实践环境，让他们有机会去磨炼和提升自己的能力。当他们养成了这样的好习惯，能为其一生带来益处，有利于他们的持续成长。

三、幼儿教师是幼儿园园本课程的评估者

新《纲要》强调，教育评估作为幼儿园教学的重要环节，有助于教师理解教学是否适当有效，从而对教学方式做出相应的调整并优化，以推动每个幼儿的成长，进而提升整体的教育水平。同时，教师被视为幼儿园教育评估活动的积极参与者。

课程评估可以被划分为三个方面：课程设计评估、执行流程评估及成效评估。然而，传统的课程评估通常由教师负责成效评估，而忽略了课程设计及其执行情况的评估。这种现象反映出教师并未完全投入到教学评估工作中。身为初级教育的辅助人员，幼儿教师在实践操作的过程中能直观感受到教学的好坏，对于教学存在的问题最为清楚，因此他们有权利且能够对其做出判断。教师应该根据社会文化和园内实际情况来衡量幼儿园的基本观念和价值观，同时也要考虑课程目标、主题、方式和评估标准等因素能否在一个统一的原则下构

成和谐体系，实现最大效益。此外，教师还需要就师生间的交流质量、儿童的表现和反馈、自身的态度和行动、幼儿的学习环境等方面进行评估。同样，教师也需要了解儿童学后的发展状态，包括他们的进步程度、预期的或未预期的影响、自我提升等，以此为基础对教学效果做出评估。参与课程评估不仅能推动教师的专业发展，更关键的是可以有效地优化课程、识别出当前课程中的问题、降低课程改革带来的损失，并为课程持续改进提供有价值的反馈信息。

对于幼儿园课程评估的核心目标是推动幼儿的进步，提升教师的职业发展，并进一步优化与完善园内的教学内容，最终促进幼儿的全面成长。新《纲要》中提出了更为理性化的关于幼儿园课程评估的质检标准，这其中蕴含了当代科学的教育理念、儿童观念及评估观点。以下就是一些具体的要求：①教育计划和活动目标是否基于对本班儿童现状的了解；②教育的内容、方式、策略、环境条件是否能调动幼儿学习的积极性；③教育过程能否为儿童带来有益的学习体验，并满足他们的成长需求；④教育内容、要求能否兼顾群体需要和个体差异，使每个幼儿都能得到发展，都有成就感；⑤教师的指导是否有利于幼儿主动、有效地学习。

在评估课程时，我们需要全面考虑以上要求。基于对幼儿的理解，构建一个既满足他们共性发展需求又符合他们个体发展需求的课程结构，创造优质的教育环境，从而推动幼儿积极地实现全方位成长。

（1）优质的幼儿园课程应该能为幼儿提供全方位的体验，以推动他们在认知、技能、情感态度和身体机能等各个领域的全面成长，同时也应确保幼儿的整体身心都朝着健康的方向发展。

（2）优质的幼儿园课程应该能满足幼儿在生理和心理方面的各种需求，并且能够最大化地利用他们的经验，为他们步入小学后的正规学习奠定坚实的基础。优秀的课程不应该忽视将来被称为正式科目的学习，而应该为这些科目建立基础。

（3）优质的幼儿园课程应该挖掘和利用幼儿园内外各种教育资源。

（4）优质的幼儿园课程应该创造出一种既安全又干净，同时能够激发幼儿参与并产生实际效果的学习空间。这样的学习空间需要包含各种可以让幼儿动手实践的教育材料，和让他们体验大自然和社交活动的机会。此外，它还需要给幼儿提供与其他儿童或成年人交流的空间和平台，让他们在早期就能受到优良的生活环境、文化和人际交往的影响，从而逐渐被塑造和成长。在这个环境中，幼儿的自由度得到最大限度的保证，他们的探究行为也受到支持。这个环境应当具备一定的难度，并且要全面考虑每一个幼儿的个性化的需求，确保其适应性和发展节奏。在此种环境下，幼儿等待或消磨时间的可能性会大大降低。

（5）优质的幼儿园课程应该包含一套全面且有效的家长辅导计划，以实现家庭教育资源与幼儿园教育资源的融合，从而达到最大化的教学效果。

（6）优质的幼儿园课程应该让每个幼儿在参与活动时体验到快乐，感受到成就和满足，从而帮助他们塑造积极的自我形象。

（7）优质的幼儿园课程应该在活动中寻找平衡，例如有纪律性约束的活动和幼儿可以自由选择的活动，大型集体活动与小组或个人活动。这样才能更好地满足每个幼儿身心发展的需求，并促进他们的成长。

四、幼儿教师是课程执行过程中以及执行结束后的反思者

在执行教育计划的过程中，教师需要提升自己的专业素养以推动幼儿的进步。唯有当教师的专业能力得到增强时，幼儿才有望实现高品质的学习发展。根据美国的研究者波斯纳提出的观点，"教师的专业成长等于经验加上自我反思"。缺乏深思熟虑的教育经验只是片面的体验，最多只可能产生表层的认知。若一位教师仅止步于积累经验却未对之进行深度思考，无论他的教龄多么久远、经验如何丰厚，也无法超越初级阶段的教师水准。如今，以自我反省为基础的反思或者说反思性的实践已被视为成为卓越教师的关键标准及发展的主要路径。

儿童教师的自我反思是把自身视为学习目标，探索自身的教育思想和行动，审查自身的教学方法，审查自身的教育思维方式、教育活动及教育成果，对于做得好的地方予以认可并加强，对于做得不好的地方则加以调整和改进，经过深思熟虑和调整后，不断提升他们的教导能力。

教育反思的核心是关于理论和实际操作之间交流的过程，它是两者间的互动平台，同时也是幼儿教师内心的理想自我和真实自我的精神交融。这是一种让教师跳出自身思考模式的方法，也有助于将他们的创新能力运用于教学实践中。

（一）幼儿教师的教育反思

（1）幼儿教师的教育反思核心目标是优化和提升课程设计、执行以及评估，从而增强他们的专业能力，进一步提高幼儿园课程在推动幼儿成长上的效率。

（2）教育反思的基础出发点在于寻找与处理教学方案构思与执行过程中遇到问题时幼儿园教师的教育教学反思行为。在这个过程中，自我审视并非仅仅是对过往经历的回溯，而是一种对整体教学流程的设计及其实际操作环节各方面的深入探讨与检讨（涵盖了教学观念、目的、主题、结构安排、学生参与等），并且致力于找出并解决问题，因此这种自我审视具备科学的研究特性。

（3）幼儿教师采取的教学反思方法是基于教育教学行为的研究方式，即以自己的教育教学活动作为基础来展开的一项研究。这项研究的主要特性可以用一句话总结：在课程规划、执行和管理过程中，通过对课程的规划、执行和管理，实现课程的规划、执行和管理。

教师在课程设计、组织和实施的过程中进行研究，就是将其视为一个研究的阶段。这个阶段会发现并解决问题，而且这些工作都与真实情况紧密相连。

所谓的课程设计、组织和执行研究，就是教师通过这个过程来验证并反思自己对于课堂活动问题的理解是否正确，以及检查和评估他们解决问题的假设和方法是否有效。

简而言之，"为了课程设计、组织和执行所做的研究"指的是教师致力于提升自身课程设计的品质、组织的效率及执行的效果，这并不是出于其他的动机或目标，而纯粹是为了自我完善。尽管幼儿教师在反思过程中开展的研究可能会对教育理念有所补充，但是它的初衷始终是围绕着课程设计、组织和执行展开。

教学反思所涵盖的主题，既包括课堂规划、管理和执行各个阶段里的"失败的教导"，也包含"成功案例"。

（二）幼儿教师教育反思的实施过程

1. 发现问题阶段

此处的问题指向的是"课题"，代表着幼儿园教师所发掘的有研究价值且能被深入探讨的话题。这既可能涉及对新颖的教育观念或者新型教学方法的挑战，也可能是通过对比自身已有的经历并结合这些新观点而引发的一系列思考。所以，自我反思的人需要具备深厚的"问题敏感度""研究敏锐度"及"解决问题的能力"。

教师找出问题有四个途径，包括：①持续地审视自己在教学流程中的各个阶段（包含课程规划、执行及评测），分析各种元素对学习成果的影响，并总结自身的体验或者疑虑；②在对比新的教学观念与自身实际操作的过程中找到需要探讨和改善的地方，从而发现疑问；③通过观察自我行为与他人经验之间的差异来寻找问题；④主动征求幼儿的反馈、家长的建议、同事的观点以及专家的见解，以此为基础发掘潜在的问题。

2．分析根源阶段

一旦识别到问题，就需要深入了解其产生的原因。为了做到这一点，幼儿园教师可以利用下面所述的一系列问题来不断自我审视，这样可以让思考与探索更具针对性与明确度，以便更好地理解问题的难点并找到解决之道。

（1）这个问题是普遍的还是特殊的？

（2）这个问题是经常出现的还是偶然出现的？

（3）这个问题的原因（客观原因和主观原因）可能有哪些？

（4）这个问题我以前怎样应对的？效果如何？有什么不足？能说明什么？

（5）这个问题怎样解决？根据是什么？

（6）这个问题研究的范围是什么？

（7）这个问题可能遇到的挑战和短板是什么？自己需要寻求哪些支持？自己需要做哪些预备工作呢？

（8）这个问题还可以从哪些角度去研究？怎样清晰地表述？研究范围如何确定？

3．寻找对策阶段

一旦问题的原因被明确，幼儿园教师就必须积极寻求处理方案。他们可以通过了解教师及其教学环境、利用自身的教学经历并结合所收集到的信息来制定各种解决方案，阐述情况并引导后续的行动。

4．积极验证阶段

在这个时期，幼儿园教师会以实际行动去评估之前建立的问题处理方式对教学活动的适用程度、能否激发师生间的积极互动以及是否有效推动幼儿的成长和提升教师的职业素养。在此期间，他们可能会遇到新出现的具体挑战，这便引发了下一轮反思，开启了一个新的反思周期。

(三)幼儿教师进行教育反思的方式

1. 自我评估日志

每天结束教学任务之后,教师需要撰述自己的个人感悟及经验总结,详细描述他们当天在学校活动中所犯下的错误或者取得的最优成果;也可以选择关注其中的某个关键环节来深入探讨其对自身教育的启示意义——无论是正面的还是负面的都应该被视为一种宝贵的学习体验而非负担。此外,还可以思考"再次策划类似的活动方案":在完成一项教育教学项目以后,花些时间回顾一下整个流程并对所得与所失做出评估是非常重要的,这样可以让教师更好地理解自己在未来重新制定相似甚至相同的项目时的改进方向是什么样的,若是能够迅速地记下这些想法并在规划过程中加以运用,那么教师的规划能力将会得到显著提升。

2. 交流讨论

教师可以进行相互的观察和分析,通过讨论交流来寻找问题,从而达到提升教育专业能力的目标。

3. 教育活动研究

聚焦于那些在教学活动中最为显著且亟待讨论的问题,并以此作为出发点,运用当代教育理念来对其进行深度解析、研究,以便找出一种能够更好地推动儿童发展的新颖课程模型。教育反思被视为幼儿教师的专业进步的关键路径,通过反思可以激发他们的思维能力,促使他们更加主动地结合教育理论与实际操作,从而更为理智地理解自身的教育教学行为,进一步提升专业素养。为了持续增强自身的专业技能,同时努力改善全行业幼儿教师的社会形象,我们倡导把自我反思变成日常工作习惯。

前文中提到了四个幼儿园教师应承担的角色:"课程研发者""幼儿学习和发展的促进者""课程评估者"以及"课程反思者"。这四个角色中的关键角色就是"幼儿学习和发展的促进者",其他三个角色都是这个核心的延伸或者演变,并服务于让幼儿园教师能更有效地履行"幼儿学习和发展的促进者"的职责。一旦理解这些角色间的关联,在实际操作中就不会出现偏离目标的情况。

新《纲要》要求教师转变传统的教员身份,因此教师需要迅速确定自身的角色位置,这样才能确保准确无误地执行新课程标准中的精神与教育教学观念,从而推动孩子全面、健康的进步,同时也能助力自身的专业提升。

第二节 影响幼儿教师参与园本课程开发的因素

一、幼儿教师的师德素养

通常来说，师德是对教师职业道德的一种简称。人生百年，立于幼学。幼儿教育素来被称为"向下扎根的教育"，对一个人的成长和发展至关重要。担任儿童教育任务的专业人员是幼儿园教师，即课程设计者、执行人、教授者、协调员、管理人和指导者。这些人的职业素养对幼儿的长期成长有着重大影响，优秀的教养品质也为提升幼儿的学习效果提供了核心保障。唯有具备深厚的社会义务意识与职责担当，拥有关爱、耐心和工作热情，教师才可能全神贯注地投身于幼儿的事务之中。热爱本职岗位并愿意无私付出，主动履行教学的责任，为推进中国幼教事业的发展进步做贡献。以下我们从法律体系构建、提高教师待遇、加强幼儿道德等方面进行阐述。

（一）构建完善的法律法规体系

构建完善的法律法规体系，符合学前教育本身的特点。学前教育主要针对3～6岁年龄阶段的幼儿，他们的生活自理能力较差，无法对自己的行为承担一定的责任。学前教育是教育事业的基础，对于培养国家人才、推动经济建设和社会发展具有非常重要的意义。因此，学前教育需要得到立法保障。

建立健全的法律制度是实现法治教育的必要条件之一，这符合全球范围内对幼儿早期教育法规的发展方向需求。联合国的《儿童权利公约》第19条规定："缔约国应采取一切适当的立法、行政、社会和教育措施，保护儿童在受父母、法定监护人或其他任何负责照管儿童的人的照料时，不致受到任何形式的身心摧残、伤害或凌辱，忽视或照料不周，虐待或剥削，包括性侵犯。"

幼儿教师的道德缺陷问题对幼儿的身体心理成长及幼儿园教育的提升产生了重大的负面效应。我们期待着各地方政府和教育机构能更加关注早期教育的发展，迅速制定并发布关于幼儿园的教育法规，以明确其办学模式、管理方式、资金分配、教师薪酬等相关的重要法律法规，从而保障幼儿园教育能在法治化和标准化轨道上稳步前进。

（二）提高幼儿教师的地位和待遇

教师是教育的基石。作为一名幼儿教师，其生活所需的一切物资需求需要得到满足。然而，当前许多幼儿教师面临着巨大的工作负担，他们的角色和位置尚未得到清晰界定。特别是那些非公立学校的教师，他们往往收入微薄且没有稳定的薪资保证。他们的工资水平对他们的职业自豪感和行业忠诚度有着重要影响，所以，相关部门应当根据财务状况来制定合适的教师薪金体系，同时也要合理地确定教师人数，确保他们在各个方面都享有合法权利，让他们能全心投入到幼儿教育中。

（三）加强幼儿教师自身职业道德素质的培养

对于幼儿教师来说，教师职业道德素养的高低，对教育行业的发展有着至关重要的影响。为了防止"虐待儿童"的情况发生，需要不断提升幼儿教师团队的专业道德水准。根据《幼儿园教师专业标准（试行）》的规定，教师要做到以下几点：尊重幼儿权利；关心爱护每个儿童，尊重他们的人格，充满爱心、责任感、耐心和细心；平等地对待所有的儿童，不对他们进行嘲笑、贬损或者歧视，也不采用体罚或变相体罚的惩罚手段。所以，相关部门与幼儿园应保证所有的新进幼师都具备教师资格证，并加强他们在上任前的专业训练，此外还应对那些还未获得幼儿园教师资格的教师实施全员培训，以有效增强他们的职业道德修养。

1. 师德：时代的呼唤

教育的职责不仅限于知识和智力的传播，还包括全方位塑造个人品格，推动社会的进步和修养的更新。教师的品质构成了教师教学活动的根本要素和支持力，他们的道德水平对数以百万计的儿童、青年甚至整个人类的道德面貌有着决定性的作用，也对其整体价值观和核心理念产生深远的影响。因此，如果把教师看作是教育的灵魂的话，那么他们的高尚品行就是教育成功的关键因素，而成功的教育又会为国家带来繁荣昌盛。时任教育部部长周济于2004年的全国师德论坛上提出了三点至关重要且影响深远的看法：百年大计，教育为根本；教育发展，教师是关键；教师素质，师德最重要。同样地，美国的知名教育家丽莲·凯兹坚信，幼儿园教师需要特别关注制定道德准则的重要性，原因有二：首先，教师的工作职责赋予教师的权力和影响力比幼儿要大得多；其次，幼儿无法有效地纠正教师的错误行为，只有当教师意识到并且改正自己的不良习惯时才能有所改善。

（1）强化幼儿教师的道德修养，改革现行儿童教育工作者的道德状况。身为一位教师，必须具备优秀的道德品质并以此为基础开展教学活动。但是目前幼儿园教师的品行状况并不理想：一部分人的事业感和职责感不够强烈，缺少对工作的热情和服务的精神，他们只是将其视为一种赚钱的方式而不是追求进步的目标；另外一部分因为疲劳厌烦导致没有耐心去关爱幼儿，对幼儿的错误表现出冷漠的态度或者采取暴力方式惩戒幼儿，这会对幼儿的心理健康造成不可逆的影响。所以需要重视提升幼教人员的道德修养以改善现有的情况并且满足经济增长和社会人文管理的实际需求及心理学的行为研究的要求，这是未来社会的必经之路。

（2）提升幼儿教师的道德素养，是由学前教育的独特性质所决定。幼儿园教育主要针对的是三到六岁的儿童群体，他们的学习能力和探索欲望较高但辨别力不足；同时由于没有足够的自保技能，容易遭受身体或心理上的创伤。然而，这个时期的学习被视为个人发展的基础部分，它对开启学校的教学历程和整个生命周期有着关键的影响。因此，学前教育的重点在于培养幼儿具备能持续一生的品格特征，如价值观与情绪管理等技巧、良好的生活方式和健康的性格和人际关系，让幼儿在愉快的氛围下茁壮成长。这意味着教师的道德品质不仅是一种有效的教导工具也是重要的育人元素，能够深远且持久地触动幼儿的内心世界。

（3）提升幼儿教师的道德修养，是推动学前教育深度发展的核心需求。中国著名的儿童教育专家陈鹤琴曾表示，幼教事业就像培育树苗一样，是关乎着幼儿一生的职业，也影响着国家和社会的进步。为了成功地开展幼儿园教育并提升其品质，我们需要持续增强幼儿教师的能力，而这个核心要素便是他们的道德修养。由于幼儿教师的人格魅力对于幼儿的成长有着深远影响，因此他们自身的道德水平会极大地影响到幼儿的心智发育及教学成果。

2. 师爱：师德素养的灵魂

师爱指的是教师对于儿童的爱护，这是幼儿发展的动力来源，也代表着教师品德修养的核心部分，并且被视为成功教学的基础要素。爱心是教育的核心元素，无爱便无法开展教育，这不是仅仅强调爱心在学校教育中的重要性，而是揭示教育的真实面目。因为有爱心的融入,才使教育突破只教授单一知识的局限,转变为激发和引领个体全面发展的全过程。德国的教育家斯普朗格曾把"爱"称作教育的"基础"。身为幼儿园教师,不能忽视爱心的作用,因为你给孩子的每一个关心与呵护,他们都会以同等的爱心回馈给你。

(1)教师的爱是幼儿教育工作特殊性的必要条件。《中华人民共和国教师法》《幼儿园教师专业标准(试行)》都把热爱(关爱)幼儿作为重要内容。作为一名幼儿园教师,我们所面临的环境、目标及流程都相当独特,然而这些特质的核心正是我们的教学对象——儿童,这是所有幼儿园教师的共同特点。

幼儿教师的对象是那些充满活力、处于成长阶段的儿童。每一个幼儿都是一个独立且具有无限潜力的个体。正如雅斯贝尔斯所指出的,教育的价值在于与具有平等人格、渴望知识和智慧的人进行充满爱心的交流。因此教师应该真诚对待每一个幼儿的生活需要及情感诉求,引领他们在正确的道路上前行并且保持内心的纯洁和平静。这就要求教师要有能力解读幼儿的心声,聆听他们的问题,发现他们的独特之处,并对他们的不足给予宽容。每个幼儿都应该被视为一个独特的生命,拥有自己的个性和成长路径。爱是教育的基石,它激发了教师的情感投入,帮助幼儿培养积极的生活态度和价值观,促进他们全面和谐的成长。

由于幼儿教师工作的独特性质,其所需的教育技能和技巧并不单要满足工作需求,还需要一种深厚的感情和人格力量来支持。这意味着,幼儿教师必须真心热爱他们的教学工作,关爱幼儿,并且珍视自己的工作职责。通过自然、真挚的方式表达出这份爱心,不仅能使教学成果更加显著,也是评估幼儿教师品质的一个重要指标。

(2)教师的爱是在教师和幼儿互动中产生的独特情感。中国的教育大师夏丏尊指出:如果教育缺乏情感和关爱,就像池塘缺了水分一般,失去了水的存在,就不再是一个完整的池塘。同样,如果没有情感和关爱的融入,也难以谈及真正的教育。作为世界上的特殊之爱,教师对幼儿的爱是不求回报且无关血缘的神圣之爱。一位热衷于教育的教师必然会将幼儿视如珍宝,认为他们是富有活力的创新源泉。然而,并不是所有教师都能自然地生出这份爱心,即使教师的行为准则要求他们必须具备这样的热情。爱意源于内心的共鸣,不是由意志或者愿望所驱动的。老师之所以喜爱孩子,是因为他们在不断的互动和理解中产生了深刻的认同感和亲近感，这是来自内心的喜悦和满足感的体现。苏联著名教育家苏霍姆林斯基曾经提到，热爱学生并不是在学校学习过程中就获得，而是需要在参与社会活动并与人相处的过程当中逐渐培养出来。若想真正拥有它，就需要在面对教学对象时能感受到快乐和舒适，这才是真挚的师生间的联系纽带。师生之间的沟通是形成师生间感情的基础。缺少这一环节，就不会出现师生之间爱的火花。

（3）师爱是一种理解和尊重。每个人都需要被理解并受人尊敬，包括儿童也是如此。身为一位幼儿园教师，应该给予幼儿更多的关爱及尊重。要深入到每个幼儿的内心深处，用热情且毫无私利之心疼惜每一个人；当看到幼儿出错了，应该尽可能提供改正的机会而不是责备或惩罚；如果幼儿取得了成就，应为之鼓舞喝彩；面对幼儿的困惑或者难题，尽力协助解决并且鼓励其勇敢展示自我风采。因此，作为一个优秀的幼儿教师，必须学会站在小朋友的位置思考问题，尤其要注意在情感上亲近每一位小朋友，懂得满足幼儿的喜好需求，信任他们并对他们表示真挚关心和温情关怀。幼儿教师这样的理解和尊重，会给幼儿的进步带来内在的动力。

二、幼儿教师的教学素养

教学是一门艺术，是一门师幼交流思想的艺术。教师的教学技巧在很大程度上决定了幼儿在课堂中的脑力活动效率。作为一名幼儿教育工作者，需要根据幼儿的身心成长特性规划每个教学步骤，从而让幼儿获得更多的发展机会。

作为教育工作者，幼儿园教师不能墨守成规，应该随时关注环境的变化，运用多样的教学策略，这样才能让课堂更加丰富多彩。

（一）在教学中巧妙提问，教会幼儿思考

根据英国教育专家爱德华所言，"教育的核心在于引导思考"。作为一名幼儿教师，需要对幼儿的"思考过程"给予高度重视。教师要教授幼儿如何运用各种方法来思考问题，并有意图和规划性地使用不同类型的问答方式以激发他们内心的想法，从而提升他们的思维能力。唯有擅长在授课过程中精确地提出问题，才能够让幼儿的认知行为充满活力，提高他们对知识的渴求，让他们自主探寻科学且准确的解答。这不仅能扩展幼儿的知识领域，也能锻炼他们的思维敏捷度；同时，这也满足了幼儿的好奇心理，使得他们在学习上更加活跃。

（二）有效的教学用具，是引发幼儿学习热情的关键要素

儿童天生就充满着对未知的好奇心，还有着活泼的个性特征。利用直接的教学工具作为教育方法，使得课堂更加栩栩如生且有趣，让原本单调无味的授课方式也因此充满了乐趣。对于那些复杂而晦涩的词汇，儿童更容易去理解和记忆。此外，一些看似无聊或难以理解的信息也能被他们轻易接受。这极大地提高了幼儿的学习热情和兴趣，同时刺激了他们的思考力和创造力，让他们享受并且热爱学习。这种方式还能够引导幼儿使用各种感觉器官，从而更好地体验和理解所学的知识，最终达到熟练掌握的目的。

（三）在教学过程中，利用游戏的方式激发幼儿的学习热情

儿童基本的活动方式就是玩耍，这是他们最为热衷的行为模式并且被视为一种主要的教育手段。通过这种有趣的方式来教授幼儿学科内容可以激发他们的求知欲望并提高其参与度和兴趣度。这样的教学方法有助于幼儿的智力和认知能力的提升，能够增强幼儿的专注能力、强化对信息的长期存储能力和丰富的思维空间拓展能力等。所以鼓励以寓教于乐的形式让幼儿接触科技领域的内容，并在玩乐的过程中获取新知。

（四）在教学过程中追求言语艺术性，激发教育智慧情感

幼儿园教师需要有效利用"言语"这个强大的工具来与幼儿建立积极互动并产生教育灵感。正如苏霍姆林斯基所说，教师的口头表达能力对幼儿的课业效果有着极大的影响。海姆·G.吉诺特在其著作中曾提到，"我惶恐地意识到，我成了教室里的一个决定性因素，我个人的方法可以创造出教室里的情境，我个人的兴趣也可以左右教室里的气氛。作为一位教师，我拥有巨大的力量来让孩子们过得痛苦或者欢乐。我可以成为折磨孩子的工具，也可以成为鼓舞孩子的火花，我可以带给他们羞辱或者开心，也可以带给他们伤害或者拯救。在所有的情况下，一次危机是骤然升级还是逐步化解，一个孩子是获得进步还是日益堕落，我的态度都有着重要的影响。"这表明幼儿教育工作者的语言能力对幼儿产生的重要作用。作为幼儿教师，通过与幼儿的言语交流，给幼儿带来巨大影响力。

1. 教学语言的生动形象，有利于促进幼儿认知、思维的发展

幼儿的学习能力和思考方式相对较弱，主要依赖具体的图像化思辨方法来处理问题。他们能够轻松掌握那些贴近个人经历或已知晓的事情，但面对超出其日常体验的问题时却难以领会并掌控。所以教师需要利用生动的视觉效果、具象化的描述及充满活力且多样的教学语言去启发幼儿的智力潜质。通过美观又富有个性和创意的方式教授课程内容，可以使幼儿更好地沉浸其中并且引发他们的兴趣及探索欲望，同时也能激发幼儿的创造精神，提升平面想象力，从而引领他们在学习的时候也学会分辨优劣好坏。当教师采用有韵律感和艺术性的言语表达复杂抽象概念，同时融入幼儿所熟知的实际场景元素后就能达到事半功倍的效果。

一般而言，生动且具象化的授课风格有助于塑造幼儿的形象化思维，而理性的归纳总结则可能影响他们对于抽象概念的理解；教师的智慧对话可能会增强幼儿的思维敏捷度及自主性，同时也可能扩大或加深他们的视野。最后，利用充满趣味的讲授方法引导幼儿探索多元世界，可以拓宽他们的认识范围，提高他们的想象力及创新精神。

正如苏霍姆林斯基所说："儿童记忆之所以牢固和敏捷，正是由于他们的记忆注入了鲜明的形象、图画、概念和印象的清澈的溪流。儿童的思维之所以能精细入微，出人意料而富有哲理令我们吃惊，也正是因为他们的思维受到了这小溪流的生机勃勃的源头的滋润。"

2. 教学语言的优美性，促使教师和幼儿共享美好的情感

塑造幼儿健康的精神世界，让他们的人生充满光明。孩童阶段是一个人生命成长的关键期，在幼儿园里，幼儿会把教师的话视为圭臬，所以要充分运用这个特性，像春风化雨一样以美好的人情味和甜蜜的言语灌溉他们的心灵。

美妙的言辞可以唤起美丽的情感，并激发儿童的精神。据苏霍姆林斯基所述："如果在语言的旁边没有艺术的话，无论什么样的道德训诫也不能在年轻人的心里培养出良好的、高尚的情感来。"在幼儿园里，与教师互动的是大自然中最脆弱也最敏感的存在——幼儿的大脑。教师必须始终保持警惕的心态，并在这样的心态下使用真诚热情的语言对幼儿进行教育。借助语言的力量，让内心的美好情感在师生间流动，实现心灵的连接和对话。只要这些美丽的感觉一直停留在幼儿的内心深处，他们的生活将会变得更加明朗。

（五）在教学过程中追随求知心灵，支持幼儿主动学习

教育并非仅仅是传递信息的步骤，而更像是寻找信息并构建其结构的过程。在此期间，幼儿被视为学习的核心人物，教师必须始终密切观察他们的好奇心、经历及需求，运用合适的有效方法来响应他们，以满足他们对新知的渴望，欣赏他们的出色表现，进而推动他们在主体性、独立性以及创新能力上的持续成长与进步。

1. 支持：满足自主的探索

被视为最具影响力的教师，是幼儿除家庭成员之外最为亲密的存在。一旦幼儿步入学校，他们最大的期望就是获得教师的赞赏与肯定。如果教师能够积极地加入并观察幼儿的学习过程，共享他们的喜悦和惊奇，将会极大地推动他们的探究能力发展，让学习变成一种自主的行为。教师的支持不仅使幼儿的好奇心得到满足，还为幼儿提供了良好的主动学习机会。

2. 鼓励：展开愉悦的互动

儿童具有强烈的好奇心，这使得他们接触新颖事物的时间成为教育者提升其求知欲的关键时刻。在教导他们的过程里，他们往往会对老师提出各种疑问，例如"太阳为什么能发光？小猫为什么不会说话？"等。这类问题时常使教师陷入困境，无法立即给出解答。但是，作为一名幼儿教师，绝不可以为了应付提问而说谎或者流露出一丝一毫的不耐烦。幼儿的智慧和敏锐度超乎想象，一旦被误解或遭到冷落，可能导致心灵上的创伤，会增加日后重新吸引他们注意力的难度，甚至会影响他们的人生轨迹。

教师有责任保护幼儿的探索精神，激励与确认的方式是教师较为有效的一种教导方式。作为教师，需要激发幼儿敢于提问的勇气，对于那些由幼儿提出的简单问题，可以让全体同学一起讨论解答，同时邀请已经掌握该知识点的幼儿给出答案。若幼儿的疑惑令教师也难以应对，可以回应"稍后给你答复"，随后迅速寻找准确的答案并在约定的时刻告知幼儿。一旦他们解决了困惑，便会对新的挑战充满热情。如此一来，提问的幼儿的好奇心得到呵护，同时也鼓舞了懂得更多知识的幼儿，这就有助于营造出积极的学习氛围。在这种愉快且和谐的环境下，教师不仅仅关注到幼儿的现状，还能预见他们的未来；不仅仅是观察他们的现实情况，也会预测他们的发展趋势。这种鼓励行为，恰好是推动幼儿自我展示和自我提升的关键因素。吝啬称赞孩子的教师可能会导致幼儿

无法再获得被赞美的机会。

（六）在教学过程中启发探索，让幼儿在活动过程中培养兴趣

幼儿具有很强的好奇心和探索精神。当幼儿对于他们熟悉的事物产生了浓厚的兴趣时，可能就会对其展开深入的研究，或者触碰它们以表达喜爱之情：例如拆解玩偶、观察小动物的行为或是摘取喜爱的花草等。这些举动常被视为捣乱而非创新思维——然而这恰好是我们希望看到的积极学习的结果。因此作为教师，应该对此种好奇心持欣赏的态度并且予以赞扬与激励，同时创造更好的环境来支持他们的进一步发展，保持持续学习的动力。

（七）幼儿教师的教学行为

1. 师生关系融为一个"爱"字

对于儿童的心灵成长来说，被爱是非常关键的，它能为幼儿带来安全感及满足感。经过验证，那些充分体验到成年人合理且理性关爱的小朋友通常会表现出自信满满、活力四射并积极向上。然而，师生的互动并不等同于父母子女间的联系，因为它们缺乏天生的血脉纽带。因此，教师必须投入真挚的爱心，以达到与幼儿精神交流的目的。为此，教职员工每天都会愉快地迎接每个小朋友，热忱主动地问候孩子及他们的家庭成员，甚至还会弯腰抚摸他们的小脑袋，拥抱他们。此外，无论何时何地，教师都习惯使用温柔、友善的方式跟小朋友沟通，即便他们在某些事情上犯了错，也不会严厉指责或训诫，反而会对他们讲解正确的做法，引导他们自我反省，寻找问题所在。正因如此，有些小朋友会告诉他们的父母："为什么你们总要打我、骂我呢？我们老师从来不会这样做，有问题总会耐心解释清楚。"

为了帮助新来幼儿园的幼儿尽快适应新环境，教师会在入园前与家长沟通，邀请他们参观幼儿园，与幼儿玩耍、交谈，以和蔼可亲的形象留下深刻印象。入园后，教师会特别留意幼儿的情绪变化和需求，无微不至地照顾他们的生活，例如擦鼻涕、提裤子、洗头发，给予午睡时的照顾，同时组织有趣的活动吸引幼儿。通过这些方式，幼儿可以感受到关怀和爱，帮助他们逐渐适应和融入幼儿园的生活。

2. 教育活动追求一个"乐"字

教育活动是实现教育目标的手段，谨慎挑选合适的教导方法并有效安排它

们，这对于激发幼儿的热情和提高他们的学习成果至关重要，进而也影响着他们未来的成长。针对不同年龄段的幼儿，学校会采取游戏、实地考察或其他互动的方式让他们积极参与其中，通过实践来学知识。例如，针对小班儿童的生活技能不足问题，可以设计情境，先由高年级的大哥哥和大姐姐们展示故事《自己的事情自己干》，然后引导小朋友们互相合作，一起练习穿衣服、解纽扣、拉拉链及绑鞋带等动作；再比如，面对数理课程的学习，由于它可能令幼儿感到单调且难以理解，所以教师会把这些内容融入游戏中，使得学习过程更加生动有趣，比如在"图形娃娃找家"的游戏中学会辨别各类形状，或者用"小动物喜欢吃什么"来教授数字的组合与拆分，以此逐步提升孩子的认知能力和思维深度。

为使幼儿对周边环境有更深入的了解，幼儿园可以组织他们参加春季和秋季的户外活动，如游览动植物园、工厂及乡村等，并带领他们在自己的故乡欣赏著名的历史遗址。无论是在城市公园还是机械设备附近，或是广袤的农田之上，都能看到幼儿快乐玩耍、奔跑嬉戏或探寻未知的场景。通过这些亲身经历，他们的视野得以拓宽，知识面得到丰富，同时也培养出高尚的品德。

依据他们的喜好及各个年龄段的需求设计适合的活动区域。例如，小班的幼童恋家，可以设立"电话亭""娃娃家"；而大班的孩子开始憧憬进入小学，则可建立"小学校"这样的场所供他们体验。此外，应该考虑每个幼儿的能力范围，为其准备不同难度的操作工具，以确保他们在各自的能力层次上有充足的学习机会。这种活动模式能够让幼儿在一个无拘束且无忧虑的环境下愉快地学习和交流，从而更主动地获取知识，这对促进其身体和心理的健康成长是十分有益的。

3. 常规教育坚持一个"恒"字

科学且合理的规则能够塑造出一个有条不紊的教育环境，坚持不懈的规则培养和训练对于儿童的全方位成长是有益的。

儿童在幼儿园每天的生活时间比在小学更为漫长，他们需要在 10 个小时内过得丰富多彩和快乐。为了确保每个时段的活动都能够充分发挥教育的功能，教师必须考虑内容的选择是否适合幼儿的年纪。此外，优秀的日常行为规范是实现这一目标的关键保障。通过强化日常行为规范教育，幼儿不仅理解为什么应该这样去做，更重要的是使他们在实际操作中明白如何去执行。然而，因为他们还年幼，自我控制的能力相对较弱，并且容易受到榜样影响，学习速度快但遗忘率高。因此，可以采用游戏的方式或者利用模范的力量来明确一天活动中各时段的具体要求，然后逐渐引导幼儿遵循这些规定。其次，要不断重复强调幼儿应遵守的所有规章制度，持续关注日常行为规范的教育工作，让幼儿清楚何时何事该如何行动，以便各种活动有序展开。

4. 观察评估做到一个"细"字

观察评估幼儿的目的，是通过定期和系统的观察来确定并实施适合每个幼儿的个性化教学策略，以加速他们的成长过程并引导他们朝着正确的方向发展。为了实现这一目的，需要每天跟踪幼儿的进展情况，创建他们的个人资料库，以便能够及时了解他们在不同时间段的变化，从而持续更新教育方法，确保这些方法能直接影响孩子的生活，进而推动每一个幼儿的进步。

（1）设立观察记录本。为了真实地捕捉幼儿生活中有趣、有意义且需牢记的事情，或者那些需要特别关注并加以改进的问题和经验，更好地为每个幼儿提供个性化的指导，老师们都会带着用于记录的纸张和笔记本，以便及时记录幼儿的行为。然而，由于班级里有很多的儿童，教师无法一一详尽记录他们的细节，所以一般每年会选择7～8个具有代表性的幼儿来做深入细致的记录，确保每个月至少5～6次的更新；而其余的幼儿则简要记录，一年4～5次的频率。在一天的活动过程中，可以实时观察幼儿的反馈和表现，了解他们对老师的引导所产生的各种反应，同时也观察他们在活动中的态度，并对幼儿的各项表现做出评定，从而对教学效果进行分析和判定。与此同时，教师也应该记录自己工作的想法和反思，例如自己的教导方式是否恰当，指导方向是否准确，是否符合儿童发展的需求等，这样可以找到最优的教育策略和路径。

（2）建立幼儿的个人档案。为了确保对所有幼儿都进行一定的观察、评估，可以对全班幼儿进行定期的、有计划的、系统的观察和记录，建立幼儿的个人档案。首先拟定观察目标及评判标准，然后设计观察表格，如一周幼儿发展评估表、学期幼儿发展圆盘图。针对幼儿在发展中的不平衡、弱点而制定不同的教育措施，做到观察评估与分析相对应，分析与措施相对应，加深对幼儿系统性的了解，逐渐建立起幼儿个体发展的综合性资料档案，真正做到因类施教，因人施教。

5. 家长工作注重一个"诚"字

为确保家园之间的教育理念达成统一并产生协同效应，共同有效且高质量地培育儿童，教师需要格外重视"诚"这个品行。用诚心感动父母，让他们信任并且支持我们的工作。为了更好地做好家校联系工作,在"家长专栏"中,幼儿园可以设立一个"与您谈心"或者"家长信箱"的小栏目,以此收集家长的意见和建议,定期开展面向全体学生的亲子体验课程(如参观校园),并在其中组织座谈会邀请家长参与讨论,分享经验。当每个班级迎来新的小朋友后,每位任课老师亲自上门拜访每一位小朋友及其家人了解情况,以便更好地服务于幼儿的成长需求。不仅如此,针对特殊的幼儿,还需要有专门的家庭访问计划、实施跟进措施确保幼儿的健康发展不受影响。

三、幼儿教师的心理素养

幼儿教师的心理素养是指具有专业性和职业性的社会文化心理特质,它是幼儿教师在职业社会中发挥作用所需遵循的文化价值规范。形成完善的心理素养系统,对幼儿教师培养幼儿健全人格具有至关重要的影响。

(一)幼儿教师心理健康问题应对策略

1. 为幼儿教师成长营造宽松和谐的环境

幼儿园领导是创造宽松和谐人际环境的关键,需要树立协调一致的园风、班风、教风和学风,以人为本对待教师,建立友好和谐的领导与被领导关系,让幼儿教师在积极健康的氛围中工作。园领导要以诚心交换人心,以高尚人格赢得人心,以人文关怀温暖人心,对教师要宽容体谅。只有这样,教师才会真心拥护、信任、支持领导。园领导需要争取各方支持,满足教师的生存需求,解决教师工作、学习、生活中的困难,创造良好的环境条件。同时,要提供教师进修机会,帮助教师提高专业技能,不断完善自我,实现人生价值,尤其要给中青年教师发展、创新的空间。组织集体活动,让教师互相交流、沟通,释放人际关系的压力。只有这样,教师才会对幼儿园有感情,情绪稳定,将幼儿园当作家一样看待。

2. 加强对幼儿教师的心理健康培训

为了保护幼儿园教师的精神健康,学校或者其上层管理部门应该实施有效的策略。例如,可以定期举办有关心理学教育的课程或是团队训练活动,以增强教师对于心理卫生知识的理解,并掌握解决各类心理问题的方法。同时,提升教师的自我心理修养是必不可少的,因为他们需要关心孩子的身心健康并且给予孩子适度的心理辅导。

3. 幼儿教师要积极主动调整自我心态

幼儿教师的工作压力较大,就会出现职业倦怠的倾向。作为幼儿教师,要主动调整自己的心态,确立明确的工作目标和人生期望。生命的价值在于自己,无法改变天气,但可以改变心情;无法改变事实,但可以改变态度;无法改变过去,但可以改变现在;无法预知明天,但可以珍惜今天。幼儿教师需要勇于直面现实,将压力转化为动力,树立正确的世界观、人生观和价值观,学会调节自己的情绪,并利用心理学知识和智慧进行自我控制和调节,以保持积极、健康、良好的状态。这不仅有益于幼儿教师个人的生理健康和工作效率提升,促进专业发展,也有助于促进幼儿心理健康发展,打造一个阳光、积极的教育团队。

(二)幼儿教师心理素养的提升与指导

著名的教育大师苏霍姆林斯基曾言:"儿童的内心生活时刻给我们带来满意和不满意、高兴和苦恼、忧愁和欢乐、疑惑和诧异、宽慰和愤怒。在儿童世界给我们带来的极广阔的情感领域内,有愉快的和不愉快的、高兴和伤心的曲调。善于认识这种和谐的乐声,是教育工作者精神饱满、心情愉快和取得成功的最重要条件。"我们期盼并且相信着这个观点。作为一名幼儿园教师,我们要用赞赏和审美的方式看待幼儿,承认他们的存在,接受他们,这也暗示着我们的态度应该是包容的,表明了我们对幼儿的尊重和理解,而这样的尊重和理解会使我们感到幸福和快乐。

1. 坚定职业信念,提高职业幸福感

对于幼儿园教师来说,什么是真正的满足呢?我认为这不仅源于我们作为教师的崇高使命感,还因为日益被整个社区所尊重、赞赏,更是因为在这个陪伴儿童一起进步的过程中我们的真实感受——这种来自孩子的健康欢乐生活带来的喜悦。所谓的职业幸福感,指的是教师在工作过程中基于对幸福的正确认识,通过自己的不懈努力,自由地实现自己的职业理想,实现自身的和谐发展,从而对教师工作产生的持续稳定的快乐体验。教师的职业幸福感及其专业发展除了依赖外部条件的改善,寻求社会的支持,更重要的是依靠自身来提升。教师需要坚定职业信念,克服职场病态,完善自我发展,创造职业幸福感,体现生命的真正价值。

然而,有些人对他们的工作持消极态度,觉得过于艰辛且乏味,甚至产生了蔑视情绪，同时又对其他工作充满向往。相反，另一些人则把幼儿园教师视为稳定且有意义的选择。这些差异源于人们对工作的认识有所偏差：有些人，选择了这份工作但并未找到幸福感；而有些人选定了这项工作，也找到了属于自己的幸福。由此可见，每个人对职业的态度取决于他们的选择。因此，无论是谁，只要在这个职位中勤奋努力，为幼儿的成长付出心血，就已经离幸福很近了。身为一位幼儿园教师，必须意识到儿童教育的特殊价值，用一种赞赏和审美的方式看待工作，这样才能够建立起职业归属感，快速融入职场角色，唯有如此，才会享受到其中的乐趣和宁静。作为幼儿教师，要理解幼儿教育事业的高尚伟大，将其理念与优秀的职业适应能力相结合，方能真切体会到作为幼儿教师的幸福。因此，为了提高自身的职业幸福感，首先要做的就是让自己适应手头的工作，具备正确的工作观念，培养全面的职业素养，以便应对各种挑战，而且需要不断累积实际工作经验，获取更多的知识和技巧。只有当幼儿园教师成功地适应了自己的职业，才能真正体验到职业带来的喜悦，进而推动自身的专业进步。

2. 快乐工作，促进自身专业发展

对工作的热爱代表着一种乐观的工作精神，这意味着热衷于投身教育事业。它特指的是教师愿意向幼儿传授知识、经历、聪明才智及感情，并和幼儿一起进步，共享喜悦。生活的意义就在于寻找幸福的源泉和完美的生活状态。教师要从工作中主动寻求自己的乐趣，成为一名充满热情的教育工作者。

（1）乐于教学。热衷教育是指教师积极投入到准备课程、授课及辅助学生的工作当中去，这并非源自外部规则的影响或追求利益的目的，而是源于内心的激情和兴趣。唯有如此，教师才能在每一个教学阶段里，满怀真诚且深切地关注并期望幼儿的成长。

教师在准备课程时，需要考虑的不只是教学内容与方法，还需要深入了解幼儿，也就是精细分析儿童的需求。唯有全神贯注于此，才有可能使教学材料转化为自身的品质，教授的内容方能赋予生命价值，从而激发幼儿内心的激情及需求，进而引发他们对学习的热忱。

在授课过程中，教师需要用自己的真挚情感去打动学生，营造出特定的课堂气氛，使之吸引学生并让学生喜欢。上课，最关键的是将自己的理解传递给学生。

（2）乐于研究。作为一位教育学专家，苏霍姆林斯基强调了这样的观点:"如果你想让教师的劳动能够给教师带来乐趣,使天天上课不至于变成一种单调乏味的义务,那你就应当引导每一位教师走上从事研究的这条幸福道路上来。"教师不仅要向幼儿传递知识,同时也要成为幼儿的精神世界的研究者。然而,很多幼儿园教师却对教育研究感到望而生畏,并对其缺乏了解。实际上,教育研究并非要求教师远离教学环境只专注于研究,而是应该融入教育的每一个环节中。研究就是教育本身的一部分。因此,幼儿园教师需要不断吸收最新的教育理念,理解幼儿的生理心理发展趋势;学习基础的科学研究知识,熟悉各类研究技巧的使用方式;并且依据自己的实际情况确定研究领域,从日常工作出发,从小事做起,运用合适的研究手段展开研究。

对于幼儿教师来说,研究技能主要体现在他们能持续地关注与探索日常任务中出现的问题,并且经常反思这些问题的根源以优化自身的教育行为。此外,也体现在寻找新颖的教育理念、策略及工具方面具备出色的创新力。实施教育研究不仅能提升教师的专业素养,还对其提出了更高的期望:教师需要能够从日常活动中找寻问题,并对它们做出合理的解析,提出合适的解决方案,从而使自己变成一名研究人员。作为幼儿教师,我们的目标就是把"所倡导的理论"转化为"所采用的理论",其最终目的在于改善教学效果,增强教育品质,推动幼儿的成长。在深度探究的过程中,教师学到的知识会逐渐扩大,积累的经验也会变得更加丰富,同时也能更新教育观点,启发教育思维,对工作产生满足感和成就感,进而提高自我的专业发展程度。

(3)乐于反思。在先进教育理念的指引下,借助实际行动的研究方法,教师持续对其教育实践进行反省和探究,致力于增强其教育实践的科学性和合逻辑性。这种反思有助于强化教师的教导技能,推动课程的教学革新,并且能增进他们的教学研究水平。这包括了对教学流程全过程的回顾,在教学活动中所做的反思,还有为了教学活动的深思熟虑。虽然很多幼儿教师都理解反思的重要意义,但在实际操作上往往不知道从何处着手。通过对教育实践的深入剖析和思考,可以使教师更清楚自己的教育行为及其影响,进而调整策略,以便更好地实施教育工作。同时,要注重维持适当的反思心态,关注经验的影响,并主动学习思考的方法,从中汲取经验和教训,体验成功的喜悦和挫折感。此外,对教学活动中取得成果的总结和反思,能够让幼儿教师体会到成就带来的愉悦和自豪,激发出内心的幸福感和持久的专业发展动力。

第三节　园本课程开发对幼儿教师专业发展的价值分析

《幼儿园教育指导纲要（试行）》的颁布和实施，推动了幼儿园课程的深化改革，并为幼儿园教师的培训提供了明确的指导理念。幼儿园园本课程是幼儿园根据自身的教育理念、资源条件和幼儿发展需求，组织幼儿园的教职人员自主设计和实施的课程。它的开发过程是促进幼儿教师专业发展的有效途径之一。这种课程开发对幼儿教师的专业发展具有多方面的价值。

一、园本课程开发促使教师专业发展更具科学性

园本课程开发是幼儿教师专业发展的重要途径之一，园本课程开发以其明确的目标指向，从心理、动力等方面促使教师形成科学的专业发展路径，成为促进幼儿教师专业发展的有效途径，具有非常重要的现实意义。

（一）在园本课程开发过程中，教师主体地位的确定为幼儿教师专业发展提供了内在动力

在过去的教学活动中，幼儿教师往往只是教学活动的参与者和服从者，是知识的传递者而不是创造者，这种教学方式造成教师在教学活动中缺乏主动性，习惯于服从领导安排，缺少创新，更谈不上发展。而园本课程开发强调了教师在教学活动中的主体地位和作用，认为教师主体性的发挥是有效开展教研活动的关键。主体地位的确定促使幼儿教师"当家做主"，对自己的工作"名正言顺"地进行创新和改革，他们从被研究的对象成为研究活动的主人。教师在教育实践中的主体性参与是教师发展的根本性动力。幼儿教师实现自身专业发展的前提是成为一个独立的人，成为一个有主体意识的人，成为一个有创新意识的人。园本课程开发赋予了幼儿教师这一权利，并为其主体性的发挥提供了条件和良好的平台。因此，园本课程开发中幼儿教师主体地位的确定势必会加速自身专业发展。

（二）在园本课程开发过程中，教职员工的共同努力为幼儿教师专业发展提供了有效支持

教师的专业知识和能力的提高不仅仅依赖于自己，还依赖于其他人的帮助。教学实践表明，当不同背景、经验、才能和观点的教职人员组成团队，针对园本课程进行深入探讨和决策，对于教师专业素养的提升比教师自己一个人闭门造车来得更快，也更有效果。这个观点表明，教师的专业发展不但要靠个体的自主研究，更需要团队的协作。园本课程开发时的教职人员合作为促进教师专业发展提供了有效的支持。

（三）以园为本的园本课程开发为教师专业发展提供了真实情景

以园为本的园本课程开发以幼儿园的实际教学情景为着力点开展相关研究。这一研究过程有利于提高教师的实践能力。幼儿教育工作者们可以把日常的教学工作和园本课程开发及自身的专业发展融合到一起，实现自我的全面提升，促进自身专业的快速发展。

二、园本课程开发促使教师专业发展更具有效性

幼儿教师在幼儿园教育实践中扮演着核心角色，同时也是园本课程开发的关键参与者。教师的专业成长不仅是教育进步的内在需求，也是确保教育质量的基础。园本课程开发致力于推动教师的专业发展，通过提供交流和实践的平台，以及必要的支持，促进教师在教学理念、反思能力、教学行为和教育研究能力等方面的提升。

（一）园本课程开发促使幼儿教师转变教学观念

理论研究表明，教师的教学理念是指引其专业成长方向的关键因素。教师持有的教学理念不仅会在其教学行为中得到体现，而且会对教学成果产生深远影响。正如教育家叶澜所指出的，教育行为总是受到教学理念的影响，无论我们是否意识到这一点，教学理念都以一种坚定而微妙的方式渗透在我们的教育实践中。因此，教师必须重新审视自己的工作方式，否则将无法取得进步。

通过实施以幼儿园为基础的园本课程开发，幼儿园可以营造一种重视学术和研究的文化氛围。通过建立新的儿童观、教学观和课程观，教师能够摆脱传

统教育观念的束缚，形成更加现代和创新的教学理念，这将有助于推动教师的专业成长。

（二）园本课程开发促使幼儿教师提高教学反思能力

美国教育学者波斯纳强调，未经反思的经验是有限且浅薄的。他认为，如果教师只是机械地积累经验而不进行深入的思考，那么即使拥有多年的教学经历，也可能只是重复相同的工作，而无法实现真正的成长和进步。只有通过反思，教师才能从经验中汲取教训，从而不断改进自己的教学方法，避免停滞不前。对于幼儿教师而言，学会反思并将其适时地应用到教学实践中，是专业成长的关键步骤。通过参与园本课程的开发，教师不仅能学会如何进行有效的反思，而且也能体验到反思对于提升教学实践的重要性。这个过程不仅能加深教师对教育现象的理解，也能促进他们反思能力的提高，从而为教师的专业发展奠定坚实的基础。

园本课程的开发不仅是课程内容的创造，它更是一个深入的反思之旅。在这个过程中，教师将自身的教学经验作为出发点，重新审视和思考教学中遇到的问题，进行深入的分析和整合。这种思维的碰撞和交流，能够激发教师思维的活跃性和创造性。通过园本课程的开发，教师能更敏锐地观察和分析教育现象，从而更深刻地理解教育的内在规律。这不仅有助于解决当前的教育问题，也有助于教师建立自己的思考模式，为未来教学中可能遇到的新挑战提供智慧和策略。这样的过程不仅提升了教师的教学技能，也增强了他们的教学反思能力，这些都是教师专业成长不可或缺的部分。

（三）园本课程开发促使幼儿教师改变教学行为

通过参与园本课程的开发，幼儿教师有机会识别和反思自己在教学实践中的不足之处。这个过程就像是通过同事的视角来审视自己的教学，从而获得宝贵的反馈，进而优化教学方法和提升教学技巧。教学不仅是一种艺术，同时也是一种表演，它要求教师投入情感和创造力，并在其中扮演着至关重要的角色。正如"当局者迷，旁观者清"，教师通过观察幼儿和其他教师的反应，能够更客观地评估自己的教学表现。园本课程开发提供了一个宝贵的机会，让教师能够学习他人的优点，同时也能从他人的经验中吸取教训，反思并改进自己的教学实践。通过这样的互动和自我提升，教师能够逐步完善自己的教学行为,朝着成为教育领域的专业人士迈进。

(四)园本课程开发促使幼儿教师提高教学研究能力

教育家苏霍姆林斯基曾指出,要使教师的工作充满乐趣,避免教学成为单调的负担,关键在于引导教师走上研究的道路,让研究成为他们幸福的源泉。第斯多惠也强调,教师的自我发展和自我完善是教育工作中最为崇高的目标,每个人都应在教师和教育家的岗位上不断自我提升。

园本课程的开发为幼儿教师提供了一个培养主动思考和持续研究意识的平台。它鼓励教师积极面对教育中的各种问题,逐步建立起持之以恒的研究态度。通过这一过程,教师能够增强自己在教学研究方面的信心,激发内在的动力,不断追求自我超越。在园本课程开发的实践中,幼儿教师的教学研究意识得到了显著的提升和加强。

第四节 园本课程中幼儿教师专业发展规划与路径

在探讨教师专业发展时,不同国家和地区的学者提出了多样化的见解。一些学者侧重于分析教师专业成长的路径和阶段,另一些则着眼于教师应达到的专业标准,还有一些从教师应具备的专业素质角度进行探讨。职业发展规划是个人对未来职业生涯的设想和规划,它体现了个人对职业发展的主动性和前瞻性。在幼儿教育领域,教师的专业发展不仅仅是对过去经验的回顾和反思,也包括对未来职业发展的期望和憧憬。这涉及到教师对自身条件、教育环境、社会需求等多种因素的综合考量,以及在此基础上制定的个人专业发展计划。这个过程要求教师主动思考自己的职业目标,明确发展方向,并采取相应的行动来实现这些目标,从而不断提升自己的专业能力和教育质量。

一、幼儿园教师的发展规划

从长远来看,幼儿园教师的发展规划是一种关于他们将来教育方式的构思,同时也是一种对未来理想工作环境的想象。部分研究者把这种发展视为一个循环往复的过程,它不仅包括教师回顾过去经历、描绘出未来导向,也包含他们在自我认知、工作经验和生活价值观的基础上做出预判。站在愿景管理的立场上看,幼儿园教师的成长计划是所有教职员工一起建立的目标,这个目标融合了个人的愿望和学校的期望,借此来激发热情,引领大家按照愿景去积极地付诸实践,这是一种使管理工作效率最大化且推动学校进步的方式。作为领导者,他们的职责就是管理幼儿园教师全方位发展的愿景,并且利用这些愿景来提高自身素质和组织水平。而从教育的角度,幼儿园教师的成长计划涉及未来的学习和教学活动的场景,给教师指明道路和方向。从幼儿的角度,幼儿园教师的成长计划是为他们长大后变成怎样的人作指引。最后,从教师个人角度,成长计划其实是在设定他们心目中的理想职业形象,而且这个计划的内容跟平时的工作密切相关,反映出教师赋予工作的深层含义。

教师的专业发展规划具有阶段性,每一个阶段要做什么,该怎么做,在规划中都应有所体现。初入职场时可以制定短期的发展目标以激发后续的发展潜力。然后逐步探索并发现个人特长,并在此基础上不断提升、深化研究能力与实践水平;同时致力于教育领域的深度钻研及科学创新的研究工作,使教育教学成果升华至理念层面。依据自身定位来确定合适的奋斗方向:既可以是中期或远期的目标,也可以是近期的具体行动方案;然后据此制定适合个人的实施策略。

二、影响幼儿教师发展规划的因素

教师的专业发展是一个持续、动态、终身的过程。在这个过程中会面临各种各样的影响因素,这些因素有些来自外部,也就是周围环境,有些来自内部,也就是教师个人。

(一)环境因素

(1)幼儿园的管理制度对教师的职业规划和发展具有重要影响。这包括教师评价体系、继续教育政策、园本学习与培训机制,以及其他日常管理规章。经研究发现,这些制度与教师的专业成长紧密相关。如果制度过于严苛,可能会削弱教师的积极性。不恰当的考核和评价体系可能会减少教师自我提升的动力,同时影响他们的行为和心态。此外,如果幼儿园对教师的评价和管理体系缺乏针对性,也可能阻碍教师的发展。在园本学习方面,许多幼儿园缺乏明确的培训和发展计划，没有固定的时间和形式。一些幼儿园的培训和支持活动不足，内容设置可能过于偏重理论而忽视实践。在某些地区，民办幼儿园可能缺乏定期的教研活动，教师课后缺乏深入讨论的机会。这些都限制了教师专业能力的提升。在培训的形式和氛围上，如果过于简单、缺乏互动，或者没有有效的考核机制，也难以激发教师的学习热情。培训的组织方式和时间安排如果不合理，也会影响教师的参与度。在培训名额的设置、选拔机制方面，不仅关系到园所的管理制度，也关系到教师个人的学习机会。目前，幼儿园对教师培训的重视程度还不够，面临包括培训资金不足、制度执行力弱、培训机会稀缺、制度不完善、形式单一、内容空洞等问题，这些都限制了教师获得必要学习的机会，影响了教师专业发展所需的保障。民办幼儿园在教师培训方面也存在不足，培训内容缺乏针对性，对教师的实际帮助有限。

（2）支持系统在教师的发展规划中扮演着至关重要的角色。这涉及到幼儿园为提高教师专业素养所提供的实际条件和设施，包括硬件资源、薪酬福利、工作时间等。这些物质因素在一定程度上对幼儿园教师的工作进展产生了影响或限制。在薪酬方面，目前中国幼儿园教师普遍面临薪水较低、待遇不佳的问题。一方面，薪酬水平是衡量社会对幼儿教师工作尊重程度的重要指标，不同的收入状况会影响教师的安全感、幸福感、社会支持感和生活品质，进而影响他们的职业认同和专业发展。另一方面，不理想的薪资待遇可能会导致幼儿教师的社会地位降低、职业吸引力减弱、教师队伍稳定性受损，进而阻碍早期教育的均衡发展。对于非在编教师来说，他们的工资通常更低，缺乏职称评定的机会，参与各种评选和培训活动的机会也相对有限。在教学设施方面，幼儿园的资源配置、财务状况与教师的专业发展动机密切相关。如果幼儿园无法为教师提供有利于他们自我发展和提升的资源条件，如教学用具陈旧、器械不足、教学设备使用率低，教师缺乏有效的专业指导，或者对设备的熟练度不够，这些都会成为教师专业成长的障碍。因此，幼儿园需要为教师提供充足的物质资源和良好的教学环境，以促进他们的专业发展和提高教育质量。

（3）幼儿教师普遍面临着工作时间长、专业发展时间有限的问题。这种情况导致教师难以抽出时间专注于个人的专业成长，从而影响了他们专业发展的连续性和深度。由于缺乏足够的时间进行系统学习和实践，教师的专业发展可能会变得零散、孤立，甚至出现停滞不前的现象。

（二）个人因素

教师的个人因素会影响其愿景的建立。个体要素在教师自设目标建设中的影响力评估结果依次为：才能展示、自身理念及期望、专长领域。首先，教师觉得达成自身的理想图景能使其能力得以显现并获得他人认可。其次，个人的观念和需求会对其发展产生影响，例如希望未来自己成为什么样的教师。最后，若教师的主修课程是幼儿教育，那他们会对幼儿教师所需的专业素质和个人技巧有较好的理解和把握；反之，若是所学专业为其他学科，则可能会对幼儿教师的工作特性感到迷茫，或者不知道怎样达到优秀幼儿教师的标准。

学历会对幼儿教师的职业发展产生影响。拥有本科及以上学历的幼儿教师，其知识结构和技巧更为全面，他们的专业素质也更高。而那些只有专科学历的教师则对专业发展的认识不足。至于那些只持有高中或更低学历的教师，由于他们没有接受过系统性的训练，在处理各种教育教学任务上会感到吃力。

所学专业也是影响因素之一。对于幼儿教师来说，他们的成长和进步需要更高的标准。一些并非专门研究儿童早期教育的人士可能对该领域的特性缺乏了解或无意投身于这个行业，因此他们对待孩子的方式相对而言离幼儿教师的要求还存在一定差距。此外，他们在个人发展的过程中可能会遇到诸如职业归属感不足、观念过于保守、知识储备不够、能力和技能提升不平衡等挑战。

新手教师正处在初始的专业成长时期，他们可能会遭遇各种挑战。理想和现实间的矛盾、社交压力等问题可能让他们感到困惑并丧失方向感。这个阶段的教师通常缺乏职业计划，没有足够的实践经历，一旦碰到难题就容易消磨工作热情，失去前进的力量，从而影响到他们的专业进步。尽管"年轻化"为幼儿带来了新的活力，但由于教学经验不足，这也成为幼儿教育发展的难点所在。

三、幼儿园教师的发展路径

（一）勤于学习，不断积累

（1）可以从身边富有实践经验的教师那里获取灵感并效仿其教导方式；

当我们在旅行或其他场合遇到优秀的教育教学策略时，应及时将其记下以备日后参考应用。随着时间的推移，教师在积累了一定的个人授课特色之后可以转向学习省级及国家级优秀教师的模式，并且积极参与各类研究与培训团体来促进自我提升。此外，教师也应该寻求机会融入各种学科的研究群体之中，通过集体性的研讨、调查来提高自身的专业素养。

（2）不管处于什么阶段，学习都不能松懈。为了避免落伍，教师必须紧紧跟随潮流并且不断丰富自我知识储备，方式就是持续学习。因此，每日都应该设定一定的读书时段来吸收新知或对所喜爱的内容做笔记、整理归类。不仅需要投入到系统性的理论研究中去获取新的认知，而且也应该积极参与同领域顶尖学者及卓越教育者的对话，以拓宽自己的视野并改变对问题的思考方式。此外，观察借鉴他人的课程设计方法及其如何处理师生关系同样是一种重要的学识积累手段，可以选择进入优秀的班级现场聆听其他教师的授课模式并将之详细地记下以便日后参考使用。对于想要深入探究幼教工作者是如何开展课堂活动的这一主题而言，亲身实践是最直接且最有效的方法，这部分经验往往难以从书籍中学得透彻明白。

（3）学习是一个持续且累积的过程，无论是在职业生涯还是个人成长上都应保持学习的态度。在职业发展中，需要从经验丰富的教师、行业领袖那里汲取知识，同时也要自己去探索与研究；此外，书籍也是获取新知的重要途径之一。教师要学会如何教导学生，如何开展研究工作，怎样处理学校管理工作等各个方面的问题，并根据自身的目标来挑选适合自己的学习领域。当然，教师也应该深入了解教育理念及技巧，并将它们融入日常教育教学工作中，以提高专业素质。

（二）团队协作，相互提升

团队协作是指团队为共同完成某项目标，自愿合作和协同。如果运用好团队协作，对团队的发展和团队成员的能力提升将有很大帮助，还能培养团队的向心力。一个卓越的团队对于职业成长具有巨大影响力。在共同奋斗的氛围中，会对自己设定高标准，从而促进个人发展。另外，一个能互相协助的团队也是推动幼儿园发展的基石。

无论处于职场生涯的初期或晚期，协作进步、互相扶持对于推动个人事业的发展都具有重要作用。教职员工间的知识共享、协同工作、经验传递、互相学习、提供支援、共赢成长,本质上是一种专业的沟通、互动、分享和合作。建立良好的同事关系可以使教师自身的事业进展更为顺利且快速,也更容易获取优秀的职业成功案例并将其应用于自我的教育实践之中。

(三)潜心研究,敢于挑战

教育科学研究对于教师的专业成长至关重要,它能把日常的教育教学任务转化为有深度的研究与探索。当教师步入职业生涯的中期阶段时,他们往往更倾向于投入到教育科学研究之中,包括参与各种研讨会议及开展专题研究项目等。此外,他们还会致力于儿童教育的创新设计,以求突破自我极限,这被视为一种重要的个人成长方式。因此,教师不仅要接受他人的研究成果,还要主动地去探究问题,把自己培养成一名独立的研究者。要实现这一目标,首先就是通过阅读、理解和实践来掌握必要的理论基础;然后利用所学到的理论指导自己的教学行为,积累丰富的实践经验;最后对已有的理论体系加以修正完善,进一步提高自身的理论水平和专业素质。

在幼儿教育的实施环节里,教师通常会借助研讨会议及主题研究来实现他们的研究员身份转变。研讨会议涵盖诸如团队准备工作、观摩课堂、评价授课、打磨讲授技巧、编写课程故事和游戏实例等多种内容。而主题研究则聚焦于从日常教学活动中发现的问题,经过设计研究计划、执行研究方案、整理研究成果等过程,对其加以深入探讨。这不仅有助于自我教学反省,也能够优化教育实践。随着教师职业生涯的发展,他们往往会参与到相关主题的研究项目之中。这样的研究方式能产生实际的影响力,同时也能提高教师对于教育现象的感知力,从而带来新的思维模式和学习体验。在这个主题研究的过程中,教师会逐步培养出研究精神,增强其探索能力。

(四)笔耕不辍,善于反思

教育写作是教师对教学活动的反思和总结的记录,其涵盖的内容比较广泛,包括课堂教育的思考、儿童行为的理解、管理技巧的学习、参加研讨会的所得等。通过持续地自我反思并记录,教师能够磨炼自身的文笔,提高分析问题的能力。作为一名教师,撰写教学作品也是其成长的关键环节及独特路径。

对于幼儿园教师来说,他们的教学创作过程通常可被划分为三个阶段:第一阶段主要关注于那些富有意义的事件,这往往表现为一种叙述性的记载方式，例如课堂记录、研讨会反馈、观察样本等。第二阶段则更注重于捕捉和阐释教师关于疑难问题的理解与反思，如阅读后的感受、儿童行为分析等。第三阶段，他们开始用科研的态度去审视并解决这些问题，这种态度常常通过论文或项目等方式来展示。随着时间的推移，每个阶段的要求都在逐渐提高，需要把个人的直观体验转化为理性的认识，使得文本具备科学性和实用性。因此，幼儿园教师可以通过这种方式一步步地积累教育教学经验，持续提升自己的教学撰写技能，并且形成良好的教学写作的习惯。

第七章

基于多元文化的幼儿园主题活动

第一节　幼儿园主题活动概述

《幼儿园教育指导纲要》《3～6岁儿童学习与发展指南》《幼儿园工作规程》等国家学前教育政策性文件明确指出，幼儿园教育活动应注重整合性、生活性、游戏性等，因此围绕幼儿生活开展主题活动，越来越成为幼儿园重要的教育活动形式。

一、幼儿园主题活动的内涵

关于幼儿教育中的主题活动的定义，各学者有着各自的理解和阐释，其中最常见的包括陈文华主张的"主题教学是指以与幼儿的生活息息相关的一个主题为线索，以此构建整个教学内容的框架并开展各种教导活动的过程"，侯莉敏指出的"单元主题活动就是围绕一个既定的'点'（即主题）所展开的教育教学活动"。在主题课程中，教师与幼儿一起聚焦于某个核心议题，并执行一连串的研究型学习活动。幼儿园主题教学是指一种以幼儿为主导的教学方式，它围绕清晰的核心问题，利用校内外的教育资源，融合了教育目的、知识体系、教学方法及流程的教育实践。

幼儿园的活动重点在于幼儿的主动参与。幼儿园会基于幼儿的喜好、需求和特性来指定或修改活动计划，从而让幼儿获取与主题核心相关的更为全面的教育体验。这些活动中，主题是主要线索，而幼儿活动的地方以具体的物体居多，因此他们日常接触的对象往往包含多种学科元素，这使得主题活动覆盖的范畴和学科领域相当广泛，同时也要求学校能够从"点"出发去理解"面"，突破各个学科之间的隔阂，按照活动的需求对知识进行重新组合；教师应该积极利用包括幼儿、教员、学校、家庭和社会等各种可用的资源来创造合适的教学环境，同时也要深入研究教学主题并整理出相关的教育资源。相比于各学科的学习活动，主题活动更注重教育目标、内容、方法和流程的活动性和综合性，而非系统的完整性和独立性。幼儿园主题活动的时间短则几日，长则一学期，一般按月进行。

二、幼儿园主题活动的特点

幼儿的成长需求和学习特性，决定了幼儿园主题活动具备以下属性。

（一）知识的横向联系

幼儿园主题活动的关注点主要在于跨领域的知识交融，这突破了不同学科或领域的边界，使得各类学习的链接变得自然而有序，能满足儿童全面发展的需求，有助于他们积累完整的学习体验。通常情况下，主题活动是以幼儿日常生活中遇到的具体问题为核心（主题）。幼儿对问题的理解应该是全局的、生活化的，而非深入了解各种孤立的专业知识，所以幼儿园应该采用横向组织的策略来整合这些知识。例如，"树的秘密"这个主题活动涵盖了诸如"认识树""树的作用"及"如何保护树木"等问题，涉及了树名、树的类型、树的功能、环境保护等多种相关知识，并非要求幼儿去记住像"光合作用""裸子植物与被子植物""树木的地理分布""园林建设"等复杂且专业的知识。重点是与幼儿生活联系的可感知的浅显的经验性知识，如了解树的形状、类型、基本功能，利用树叶、树枝等各种材料进行艺术创作，萌发保护树木的意识和热爱大自然的美好情感。

（二）活动计划的弹性（可变性）

幼儿园的主题活动是围绕核心议题，组织教职人员讨论和研究这些议题所包含的问题、现象和事件等，以帮助幼儿获取新的经验。这是一个持续发展的过程。教师虽然会预设主题活动方案，细致全面地考虑主题活动中出现的各种可能性及应对策略，但是在网络信息时代，幼儿获取的知识日益丰富多元，社会飞速发展带来的新问题与挑战层出不穷，跨学科发展带来知识的深度交融与更迭，因此主题活动计划要保持弹性或可变性。在幼儿园的主题活动中，教师要将预设的教学内容与幼儿的自发性学习相融合。他们需要及时获取幼儿的活动信息并做出适当的反应，同时根据活动的具体需求，灵活地调整学习的时间、地点和指导方法。

1. 弹性的目标

教师预设的主题目标应该建立在幼儿的最近发展区内，如果综合主题活动以一个学期为单元，主题目标要把握好设计目标的"度"为"学期"；若在一个月内开展，主题目标即为月目标，不能过于宏观或过于具体；即使是一个主题活动，也要适当保持目标的灵活性。总之，主题目标不是一成不变的，随着幼儿探索活动的不断深入，教师要及时修改、补充、调整最初的主题目标。例如，在"话说端午"主题活动中，以一个月为单元展开，教师预设的主题目标之一为"能够用不同的方式表现对端午节的认识"，在活动中，幼儿采用包粽子、缝香包、划龙舟、编花绳等不同方式表现对端午节的认识。再如，在"大树"这一主题活动中，教师预设的目标是认识树、了解树的结构及生长，但是幼儿并没有对该目标做出回应，而是提出和树交朋友。于是，教师调整了原来的教学目标，引导幼儿用自己的方式表达对树的友好、从不同的视角观察大树、聆听树的声音、用纸笔绘画大树，进而提出并实现"萌发热爱树木、热爱大自然的情感；提高观察、表达、合作、调查等多方面的能力"的教育目标。

2. 弹性的内容

幼儿园主题活动的内容主要源于幼儿的生活经验、综合性的社会问题以及各学科之间的交叉知识。这些内容并非固定不变，而是基于幼儿的兴趣和经验持续创新，并随着他们的生活逐渐发展和完善。例如，在"神奇的水"这一主题活动中，教师预设了"水的沉浮"，但是幼儿对降雨产生了兴趣，经过幼儿的讨论和教师对幼儿生成内容的教育价值的分析，及时将人工降雨纳入活动内容。

3. 弹性的时间

一方面，合理配比时间，本着促进幼儿全面整体发展的原则，根据学习内容预设科学的时间配比，给予幼儿充分的、合理的主题活动时间安排；另一方面，弹性分配时间，根据幼儿的需求程度、兴趣保持时间情况适当延长或缩短主题活动的时间。

4. 弹性的空间

教师可以根据幼儿的需要进一步拓展学习空间，从班内扩展到班外，从幼儿园扩大到社区和幼儿可能接触到的任何角落，给幼儿提供参观、调查等亲身体验的机会。例如，在"影子游戏"这一主题活动中，教师计划让幼儿在室内光线下寻找影子，然而当一个幼儿意外地注意到太阳光线投射在窗户上并留下阴影时，所有幼儿立刻被吸引得看向窗外。因此，教师便引导幼儿去室外探索和观察各种影子。再例如在"认识鸡蛋"这个环节中，教师预设的是利用班级科学区，区别生鸡蛋与熟鸡蛋，但是幼儿的兴趣点在鸡蛋烹饪，于是教师基于班级烹饪区开展活动，随后拓展到家庭厨房内的亲子烹饪活动。

（三）教育资源的整合化

《纲要》指出："家庭是幼儿园重要的合作伙伴。应本着尊重、平等、合作的原则，争取家长的理解、支持和主动参与，并积极支持、帮助家长提高教育能力。充分利用自然环境和社区的教育资源，扩展幼儿生活和学习的空间。幼儿园同时应为社区的早期教育提供服务。"主题活动要充分运用幼儿园、家庭及社区中蕴含的丰富的教育资源，包括人力资源、环境资源、人文资源等。针对不同性质的资源，需要甄别、优选出符合幼儿特点、贴近幼儿生活且具有教育价值的资源，并将之有机整合进不同主题活动实施计划中。

1. 人力资源

人力资源在幼儿园中涵盖了教师、幼儿、家长等各种类型，每一种都具有独特且不可替代的功能。首先是教师资源。教师负责设计、组织、实施、评估主题活动。其次是幼儿资源。幼儿之间的经验分享、交往互助、合作探究等，是支持幼儿发展的同伴支架，因此主题活动通过创设宽松的学习环境，鼓励幼儿自主探索，为幼儿提供合作机会，使幼儿资源得到最大发挥。最后是家长资源。家长资源带来的便利条件，可以扩展主题活动的课程内容和开展空间。

2. 环境资源

幼儿园环境涵盖多个方面，如园内环境资源、自然生态环境和人类社会的物质环境等。对于幼儿园内环境资源的使用，可以包含与课程相关的空间布局设计、主题墙设计以及各类空间环境的有效应用等；关于校园外的自然生态环境，则涉及动物和植物、季节变换、气候转换等；至于社会物质环境，除了能够方便地访问并运用周边的社会服务设施外，还包括对一些大规模公共场所和设施的利用。比如在常熟市某幼儿园的"布艺活动"中，就制作了幼儿园资源地图和社区资源地图，在充分利用园内的木工间、曲艺社、布艺长廊、印刻吧、布艺坊、种植园等园内资源的基础上，拓展利用园外的布匹市场、服装城、纺织厂、彩衣堂等社区资源。

3. 人文资源

将当地的文化习俗、节日活动和历史遗迹作为主题活动，不仅可以满足幼儿的兴趣需求，还可以扩展幼儿的知识面。人文资源不仅能丰富主题活动的内容，更能增强幼儿对传统文化的感知和理解，激发幼儿对祖国对家乡的热爱之情。以民间文化为例，涵盖了诸如历史传说、神话传奇、成语、谚语、谜语等民间文学作品；儿歌、民谣、乐曲、舞蹈等民间音乐；另外剪纸、扎染、陶瓷雕刻、农村绘画、年画等民间美术；木制品、竹制品、纺织物等民间手工艺品；皮影戏、杂技、戏曲等民间艺术；纺织、茶叶制造、农作物栽培、家畜养殖、房屋建设、桥梁建造、船舶制造等民间技术。并且，还能找到关于传统仪式、节气、收获庆典、祭祀活动、婚丧嫁娶等方面的一些民间习惯。当然，更不能忽略那些重要的民间节日，比如春节、端午节、重阳节等。

（四）实施的灵活多样性

在主题活动开展的过程中，教师应该针对不同的学习内容采用灵活多样的方式，即主题教学活动、主题性区域活动和个别指导。

1. 主题教学活动

在幼儿园主题活动中，当出现比较集中的问题时，或当幼儿经验积累到一定程度需要梳理、归纳、提升、交流、分享时，教师可以以集中教学的形式发挥集体教育功能。

2. 主题性区域活动

设置区域活动，可以为幼儿提供互动学习环境，同时也可以为他们提供个性化的学习机会。在主题活动中，那些操作性强、动态性强、社会性强、表演性强或探究性强的主题内容，都可以通过设置主题性区域活动来实现。

3. 个别指导

主题活动是幼儿通过主动探究不断实现自身经验建构和重组的过程，教师需要及时观察、记录、发现幼儿的兴趣及遇到的困难，通过个别指导帮助幼儿克服困难。

幼儿园主题活动实施的灵活多样性还表现在幼儿学习方式的灵活多样性，例如"亲亲泥土"，幼儿可以运用观察学习的方式，理解泥土与动植物之间的关系；运用泥捏、塑、雕等操作学习的方式，进行泥塑艺术创作；运用自主或合作探究学习的方式，掌握泥土的特性。

三、幼儿园主题活动的教育价值与面临的挑战

（一）幼儿园主题活动的教育价值

幼儿园主题活动打破了传统课程教学的学科限制，将知识或经验扩展到各个学科（领域），这符合幼儿全面认知和感性体验的学习特性。

幼儿园主题活动是由教师和幼儿共同完成的，它包含了丰富多样的内容和形式，并且与幼儿的日常生活紧密相关。这种方式有助于充分利用教师的创新能力，同时也有利于幼儿的积极参与。

课程的主题是教师的知识经验与幼儿的兴趣需求相互影响的结果，在主题活动中，教师和幼儿共同构建各自的经验，实现教学的互补。

（二）幼儿园主题活动面临的挑战

（1）过于重视学科间的纵向关联可能导致教师过分关注教学内容的表面现象，忽略了儿童自主构建的过程。在幼儿园教育的实际操作中，主题活动的实施通常以教师为中心，教师为了精确地完成预先设定的连续活动，可能会忽略幼儿的需求与反馈。

（2）对于如何协调师幼关系，如何处理预设与生成问题，如何保证在教师预设为主的情况下充分顾及幼儿的需求，如何在幼儿生成为主的情况下提高教育活动的效率等，这些问题还需要在今后的主题活动设计中不断完善，进而发挥主题活动应有的效能，更好地促进幼儿全面和谐发展。

第二节 幼儿园主题活动的设计

为了充分发挥主题活动的教育功能，有效促进幼儿全面和谐发展，需要遵循发展性、整合性、生成性、活动性和可操作性等设计原则，整体规划、动态把握各设计环节。

一、幼儿园主题活动的确定

"主题"是主题活动的核心，起着导向的作用，而设计主题活动则是围绕"主题"展开并构建的过程。从儿童的喜好、需求及现有知识出发，挑选出合适的日常化主题来开展主题活动，这是第一步也是关键的一步。一般而言，主题来源主要包括：幼儿生活（玩具、图书、朋友、服装、食物、家庭、学校、身体认知等）、社会生活（旅游、通讯、交通、工具、标识、气候变化、火灾救援、剧场演出等）、社会环境（小区、商场、图书馆、书店、公园、医疗机构、桥梁等）、自然环境（植物、动物、江河湖泊、沙、土、岩石等）、自然现象（四季变换、天气状况等）、节日与事件（节日庆典、民俗风情、联欢聚会、新闻与突发事件等）、科学概念（旋转、高度、浮力、磁铁等）。依据不同的来源，可确定不同主题：社会热点主题（如抗击疫情、迎冬奥、天问、祝融、北斗等）、重要议题主题（如消防、环保、视力保健等）、动植物主题（如落叶、风、雨、雪、水、蜗牛、蚕等）、节庆节气主题（如植树节、母亲节、端午节、二十四节气等）、社区环境主题（如上小学、我居住的社区、菜场、超市、博物馆等）、社会产品主题（如公共汽车、城墙、玩具等）。

选择与确定主题后，还应该为主题命名，主题名称应避免成人化，要简洁明了、有趣味性。例如，以"颜色"为主题，可以结合中班幼儿对颜色的兴趣与经验，引导其对颜色进行深入有趣的探索，可以从"颜色在哪里""色彩游戏"和"颜色的联想"等方面开展。所以，把这个主题活动名字定为"颜色躲猫猫"，就能有效地融合"颜色在哪里""色彩游戏"和"颜色的联想"等方面。"颜色躲猫猫"不但明确表达出这项主题活动的目标，同时还使用儿童化的方式来吸引幼儿的兴趣，并鼓励他们以多种形式去探寻颜色的变换。

二、主题网络图的编制

教师要基于整合的教育观编制主题网络图，要以主题内容之间的逻辑关系为活动线索，打破学科界限，整合领域内容，建构主题网络。

（一）主题网络图的编制流程

1. 联想

首先，教师以某个特定主题为核心，进行各种关联的思考和想象，并利用

"头脑风暴"来全面激活与该主题相关的知识和经验,其次,把这些内容分别记在各式各样的便签上;最后,教师积极邀请幼儿加入这个过程,指导或者协助他们使用简洁明了的图画方式记录下他们的不同观点。

2. 分类

对主题进行分类总结,把具有相同特性的词汇记录在一样颜色的纸张上,从而理解并区别各种主题的不同属性。划分类型的标准不同,类型也不同。一般可以根据主题要素、主题活动脉络、问题、主题情境等划分,并采用不同的编制方式。

3. 命名

在确定主题名称的基础上,挑选适当的词汇或短语来总结已经分类的组别,并为每个组别设计一个标题,也就是确认并命名主题。

4. 合作

教师与同事、幼儿进行讨论、交流、分享,不断丰富、完善、细化主题网络图。

5. 连接网状图

连接主题名称与分主题名称,连接各分主题,连接各分主题与各类活动,直观地呈现各分主题之间的关系,主题、分主题与各类活动之间的关系。编制主题网络图时,要避免出现主题与主题之间缺乏衔接,学习内容与主题之间不存在联系,割裂幼儿获得知识与经验等问题。例如,在"风筝"主题中,主题脉络为"欣赏风筝"(如欣赏中国传统风筝)——"风筝手工坊"(如探索风筝的结构/探索风筝为什么能飞/自制风筝比赛)——"风筝嘉年华"(如风筝展览会/看谁的风筝飞得高),从引发兴趣到深度探索再到成果分享,各个主题连贯衔接。

(二)主题网络图的编制方式

1. 以要素为线索

构建基于元素的主题网络图像,将主题根据其特性分为多个元素,并使用这些元素作为线索。此方法通常被用于对特定物体、动植物或地点进行深入探讨的主题活动。它有助于教师全面理解由主题发展出来的线索,也有助于给予幼儿完整经验。比如在中班主题活动"鱼"的网络中,教师将"鱼"这个主题划分为鱼的种类、习性、功能、与人类的关系等多个元素(图 7-1)。

第七章 基于多元文化的幼儿园主题活动

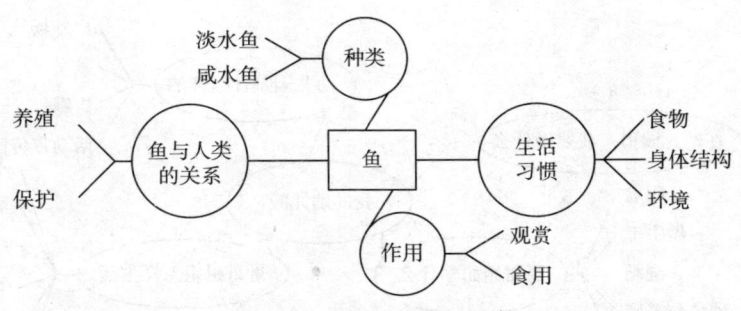

图 7-1 "鱼"主题网络图

2. 以活动为线索

构建基于活动的网络结构图，首先要设定主要活动的主题，其次根据这个主题来确定或者创造相关的活动。例如，在大班主题"红军粉"中的网络图（图 7-2），使用实线标记的是主题开展之前已规划好的活动，而使用虚线标记的是主题执行过程中产生的活动。

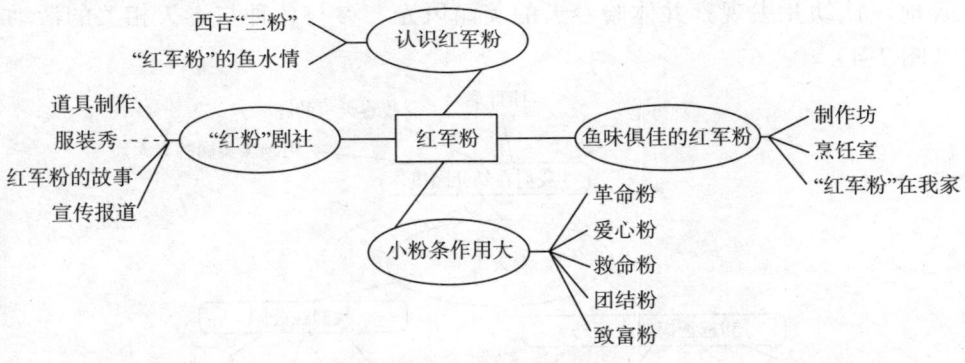

图 7-2 "红军粉"主题网络图

3. 以问题为线索

构建以问题来引导的主题网络图，也就是根据问题的解答过程来搭建主题网络。例如，针对"我的幼儿园"这个小班主题活动，教师基于与幼儿园生活设计了系列问题："幼儿园长什么样子？""大班儿童是如何生活的？""他们学习些什么内容呢？""我在幼儿园需要做哪些事情？"（图 7-3）。

· 179 ·

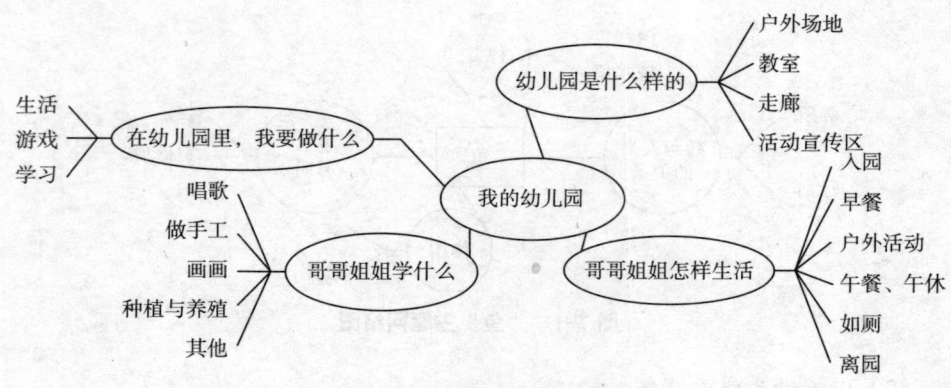

图 7-3 "我的幼儿园"主题网络图

4. 以情境为线索

构建基于情境的主题网络图时,可以把主题划分为若干个关联的场景。如在大班主题活动中,将"春天里"这个主题扩展到幼儿园、公园和郊外等地,让幼儿去观察并体验春天的美丽风光,参与各种与春天相关的活动(图 7-4)。

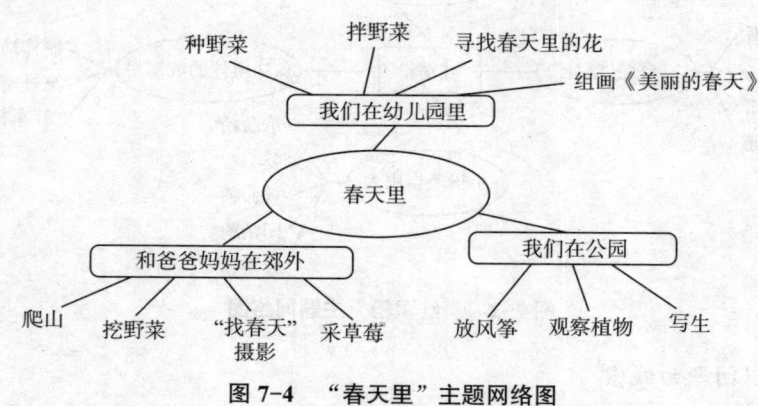

图 7-4 "春天里"主题网络图

(三)主题网络图的呈现形式

1. 树状主题网络图

象征着成长和创造力的树状主题网络图,其核心是对主题内容的深入解析,并通过主导元素作为引导,展示出一种发展式的展现形式(图 7-5)。此种表现手法中,用实线标记的是教师事先设定好的主题内容,而空缺部分则代表了幼儿自主创新的活动空间。

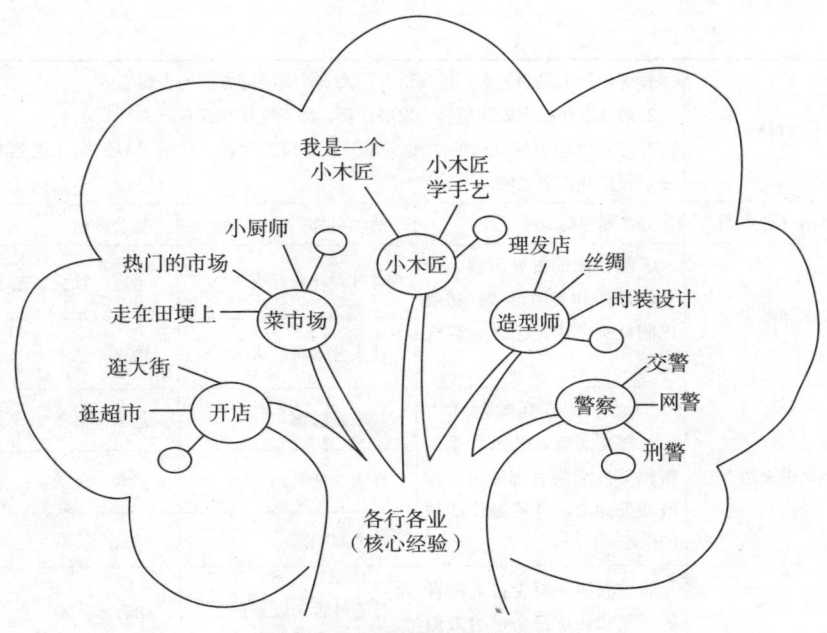

图 7-5　树状主题网络图

2. 发散形主题网络图

发散形主题网络图是从一个总的知识点出发，相关联的每一个小知识点都可以作为一个主题进行探究，如图 7-1 至图 7-4。发散形主题网络图中的知识点只是一种提示，教师可以有自己的构思，也可以根据幼儿的兴趣与经验、主题活动时间以及课程资源等条件进行扩充或者删减。

3. 表格式主题网络图

表格化的主题网络图能够明确展示主题、目标、主题流程（分主题）、环境设计以及家庭互动等，是一种相对简单且实用的方式（表 7-1）。

表 7-1　表格式主题网络图"红红的社火"

主题名称	红红的社火		
年龄段	大班	时间	3月份
设计意图	《纲要》指出："充分利用社会资源，引导幼儿实际感受祖国文化的丰富与优秀，感受我国民族的文化，激发幼儿爱家乡、爱祖国的情感。"社火作为一种民间艺术活动，是劳动人民智慧的结晶，蕴含着丰富的教育价值。春节刚过，班内很多幼儿在现场或电视上观看过社火表演，对社火产生了浓厚的兴趣，因此设计了"红红的社火"主题活动。		

续表

主题目标	1. 了解社火民间艺术，提高语言、表演、绘画等方面的表现能力 2. 通过制作社火表演道具，发展创新、动手操作和探索能力 3. 感受民间习俗社火的乐趣、喜庆氛围和艺术魅力，萌发对民间社火艺术的喜爱、保护和传承之情		
主题脉络（分主题）	分主题目标	活动名称	整合领域
社火知多少	了解社火的发展历程、产生的原因和表演形式；感受民间社火艺术的乐趣、喜庆氛围	喜气洋洋看社火	语言、社会、艺术
		社火艺人讲社火	语言、艺术
社火手工坊	了解社火道具的制作方法；提高语言、艺术、手工制作等方面的表现能力；发展动手能力，体验制作活动的乐趣	我来画脸谱	艺术、科学
		社火工艺大师	艺术、科学、社会
		社火服装秀	社会、艺术
社火嘉年华	通过表演，感受社火的喜庆气氛和传统民俗带给人们的喜悦之情；提升社火艺术美的创造和表现力；将社火文化与现实生活联系起来，从生活做起，保护并传承社火文化	慧心妙舌的议程官	语言、艺术
		我们一起踩踩踩	健康、社会、科学
		我是小小舞狮人	健康、艺术、社会
主题环境	主题墙		在主题墙以图片形式呈现主题网络，张贴扭秧歌、舞狮、踩高跷、脸谱、划旱船等图片，挂上彩色布绸做装饰
	活动区	常规区域	如阅读区、手工区等，在常规区域中投放主题相关的材料
		主题区域	如议程区、舞狮区、社火工作区等
		其他区域	如隐私区、休息区等
家园社区协调共育	1. 寒假期间，家长带幼儿参观民间社火，亲自感受社火的魅力 2. 家长提前收集、提供一些与社火相关的制作材料 3. 邀请社火传承人或演员来园，进行介绍社火、培训教师、指导幼儿等活动		

三、主题目标的制订

设计者需要根据主题活动开展时间的长短制订幼儿园主题目标,如果以学期为单位开展,则参照学期目标制订;如果以月为单位开展,则参照月目标制订;如果以周为单位开展,则参照周目标制订。

第三节 幼儿园主题活动的实施

一、主题环境创设

《规程》指出:"幼儿园应当将环境作为重要的教育资源,合理利用室内外环境,创设开放的、多样的区域活动空间,提供适合幼儿年龄特点的丰富的玩具、操作材料和幼儿读物,支持幼儿自主选择和主动学习,激发幼儿学习的兴趣与探究的愿望。"伴随着主题活动课程的发展,对主题环境的设计已逐渐成为众多教师关注的焦点。

幼儿园主题环境设计包含两个方面:一是心理环境的设计,二是物理环境的设计。对于前者来说,关键在于建立教师和幼儿之间的信赖关系,让幼儿在一个安全、舒适且充满乐趣的环境里自由发挥并取得进步。而后者则在主题活动的实施过程中起着至关重要的作用,合适的物料和设备能够激发幼儿的兴趣并且促进他们的成长。幼儿园主题活动下的物质环境创设主要包括主题墙和主题区域的创设。

(一)主题墙

主题墙是在幼儿园中由教师和幼儿共同创建的环境元素,它包含了与主题相关的所有墙壁空间。作为幼儿园环境的一个组成部分,它的主要职责包括装饰环境、展现幼儿的学习成果、记录幼儿成长的每一个细节,这对于他们的成长和进步有着重要意义。主题墙的功能可以概括为以下几点:促进幼儿发展,激发幼儿学习兴趣,帮助幼儿回味、反思主题内容,有重要的教育功能和审美功能;加强家园合作,让家长了解幼儿在园学习什么,确保家校教育的连贯性和一致性；提升教师的个人素质，不仅能锻炼教师创造和使用环境的基本技能，还能提供定期对自己的工作进行自检和反思的机会。

1. 主题墙创设的基本要求

（1）科学规划、适当调整。主题墙一般分为几个有机联系的板块，但是由于墙面空间有限，教师需要提前设计好各部分的大致范围，避免过于拥挤或随意拼接。例如，调查问卷或幼儿作品，在展示一段时间后可以做成幼儿成长记录册，供幼儿和家长随时翻阅；还可以做成二维码，供家长和幼儿在家了解和学习。

（2）墙面高度要考虑幼儿的身高和视线。只有当幼儿能够轻松地观察、触摸到进入他们视野的物品时，他们才会产生互动和探索的欲望。这样，他们的语言和社交等方面才能得到发展。

2. 主题墙创设应体现的基本功能

（1）教育功能。教育目的应融入幼儿的爱好和目前正执行的主题活动中，持续促进主题教学的发展并追踪幼儿的学习进步轨迹，展示"墙壁能言语"的教育意义。

（2）参与功能。首先，教师需要给幼儿创造出展示自己才能和成果的环境。幼儿是主题墙设计的主要决策者，而不能以他们的能力高低或创作质量来决定是否让他们参加这个活动。其次，应该有效地运用家庭成员的力量，鼓励父母协助搜集与主题相关的内容和图像，从而提高幼儿对主题墙设计的投入度。

（3）互动功能。作为整个主题活动中的一环，主题墙的设计必须与其紧密相关，并且需要从主题活动中汲取灵感，以呈现出其特色。与此同时，也应该能够对主题活动产生积极的影响，推动或调整活动进程。此外，主题墙设计还应当能为新颖且丰富的主题提供素材，使之成为一种动态的过程。因此，教师需要确保主题墙的设计符合主题的内容及进展，以此来深化主题活动。教师还需要密切观察幼儿的兴趣和焦点转移情况，以及主题进度的变化，以便让主题墙和主题活动之间形成有效的互动关系。

（4）变化功能。主题墙的设计并非是一次性的，而是一个持续发展的过程。它的目的是追踪幼儿的学习经历与体验，并在教师和幼儿一起构建主题的过程中留下空间，以满足幼儿对学习的需求的变化，扩展或衍生新的主题，从而推动主题活动的深化，展现出幼儿的成长历程。

(5)审美功能。对于主题墙的设计,应该考虑的因素有:其布局是否得当、颜色搭配是否和谐、视觉效果是否突出等,同时要根据幼儿的年纪特征来选择合适的创作方法与使用素材。例如,小班的儿童可能对直接明了且色调亮丽的图像更为敏感,主题墙上的信息量就不要太大或太复杂;而中大班的儿童,则可以选择让他们自己决定主题并且自由地装饰。

总之,在创设过程中,教师要正确处理创造性与美感的问题。

(二)主题区域

主题环境可以在主题墙或主题区域内体现出来。依据区域规划、物料放置等基础准则,需要对主题区的创建给予关注。应按照主题需求提供相应的物品,并随着主题活动的进展及儿童的发展情况适时地更新和替换物品;同时要妥善解决主题区域和其他常规区域、关键区域的关系问题;还要恰当地协调主题区域的活动与主题教育活动的关系。

此外,在创设主题环境的过程中,幼儿园应充分利用家庭、社区的人力资源、环境资源、物质资源和文化资源。家庭方面,发动家长利用各类途径协助幼儿搜集与主题相符的信息,以确保幼儿能够充分地投入到主题活动中去。同时,鼓励家长也加入进来,共同制造出符合主题的环境素材,这样一来既能保证主题活动的顺利推进,也能让家长和幼儿一起体验到成功的喜悦,并让他们更深入地理解主题的内容,以便于更好地实施主题活动。与此同时,幼儿园还应积极利用社区资源拓展主题环境,丰富幼儿的主题经验。

二、主题活动的实施途径

(一)主题教学活动

对于主题教学活动的分析,主要参考北京师范大学霍力岩教授的观点。

1. 主题教学活动的本质属性与特点

主题教学活动是幼儿园教师引导并支持幼儿围绕一定主题展开的集体探究活动。主题教学活动的主要特征有以下几点:一是其活动性,这意味着它突破了传统教学的科目限制,强调幼儿的兴趣和需求,以及在教师的引导下主动参与体验的过程。二是其探究性,它一般选择幼儿日常生活中常见的、能够整合多领域知识的内容为探究对象,确保幼儿有充足的时间进行深入探究。三是其全员性，即所有幼儿在生活化的主题背景下，通过个人感知、小组合作和集体讨论，实现全面的互动和认知发展。四是其主题性，即围绕一个中心主题，整合不同领域的知识，实现教学内容的整体化。五是其幼儿主体性，指在教师的引导下，幼儿自主地进行探索和学习，通过小组和班级的交流分享，成为学习的主体。六是教师的支架性，即教师提供实物或者情景支持，通过语言、动作和互动等多种方式，促进幼儿的深入学习。七是教师的引导性，即教师在整个教学过程中扮演引导者的角色，从活动的导入到各个教学环节的展开，都需要教师的精心指导。八是教师的主导性，虽然幼儿可能意识不到教师对活动的安排，但事实上整个活动的设计、组织和实施都是教师精心策划的。九是师幼关系的主体间性，强调教师与幼儿之间是相互的主体关系，他们会相互作用，一同参与教学过程。

2. 主题教学活动环节

虽然我们主张主题教学活动可以推动幼儿的成长，但是我们需要把这个决策思想转化为实际可行的教学计划，而且重点在教学环节。主题教学活动环节见表7-2。

表7-2 主题教学活动环节

教学环节	教师的教学支架	幼儿的预期行为
活动导入	引发兴趣：教师设计情景导入	产生兴趣：幼儿启动活动，产生好奇心。
活动体验	支持体验：教师提供真实的探究对象（探究物）	初步体验：幼儿初步体验材料，保持好奇心，使好奇心转化成为学习兴趣，激发渴望深度探究的欲望（渴望学习不是真的学习，是一种学习倾向性）。
活动探究	观察探究：教师给予幼儿充分的探究时间，并提出小组合作探究的活动规则，实时观察各组出现的问题和进度	深度探究：幼儿通过个别探究、小组探究的方式，实现深度学习。投入深度探究学习行动，幼儿会出现专注、坚持等学习的典型行为。深度学习是过程与结果的统一，最后会形成自己的或小组的结论，有深度学习才有真的学习、真的建构、真的成长，这种成长是有"证据""结果"的，这种"结果"会引发新的兴趣。只有有了深度探究，才有分享的内容。传统小学化教学只讲结果，不谈过程；非小学化趋势下，很多人进入只注重过程的误区，让幼儿随便玩，但是很多时候这种玩是低品质的玩，是忽视幼儿发展的玩；科学合理的非小学化教学，应该是过程与结果的统一。

续表

教学环节	教师的教学支架	幼儿的预期行为
活动分享	支持分享：教师提供时间和场地，支持幼儿分享小组探究的"结果物"	合作分享："有效分享"的前提是要有"结果物"，可以是物质性的结果物，如完成的作品、观察记录表，也可以是非物质性的结果物，如观点、想法等。分享达成合作，合作学习是深度学习的深化，集体合作学习又会进一步推动深入学习再上新台阶。合作学习是社会观察学习的重要组成部分，实现合作学习的前提是全体人员深度探究学习同一主题内容，没有深度学习，合作学习是没有意义的。
活动反思	启动反思：教师引导幼儿再次认识"结果物"，以演绎或归纳的方式对活动过程进行梳理和概括，并为下次活动的开展指明方向	回顾反思：幼儿已有的经验和新的学习经验形成链接，只有经过了合作学习和深度学习，反思才有效，避免"形式主义"学习、低效学习。

各个阶段的教育工作者应该为幼儿的发展提供相应的教学框架。根据维果茨基于1991年的说法，以心理学视角来看，教师作为教育的策划者，他们负责协调和管理教育环境及与接受者的互动关系。在幼儿园的综合主题学习中，教师会利用真实的教具、开放式提问构成的问题语言、主导肢体行为和面部表达的姿态，以及建立伙伴协作的框架等方式来推动和指导幼儿的活动。同时，教师也需要留意在适当的时间移除原始的框架，然后重新构建新的框架。

在学习的各个阶段，儿童都是学习的主体。根据建构主义的教育理念，我们不能把儿童看作等待灌输信息的空壳，而应视其为自主学习的个体。教师和幼儿一起努力达到他们的个人最优发展区域，并引导团队成员到达群体最佳进步空间。通过单独学习、小队协作与全班共同参与，推动教学活动的高质量发展。

需要注意的是，表格中关于幼儿园主题教学活动的5个环节，仅供教师在设计与实施时参照，不是必须遵循的统一化的教学模式。

（二）区域活动

1. 区域活动的定位

区域活动和集体教学活动、生活活动等幼儿园内部的非区域活动之间是积极互动、动态变化的关系；区域活动和社区、家庭等幼儿园外部的非区域活动之间是在平等基础上的相互作用。总之，区域活动是一个开放的系统，是幼园教育系统的一个有机组成部分,它与其他教育活动是平等、互补、互生和互利的关系。

在主题背景下进行的区域活动是对儿童个性、兴趣和能力在同一主题框架内的拓展,也是对儿童生活经验的连接。这些区域活动有助于将主题教学活动与儿童发展紧密结合并加深幼儿的理解。

2. 区域类型的划分

(1) 常规区域。常规区域又称传统区域,即各幼儿园普遍认同和开展的区域,如角色区(娃娃家、小医院、超市、餐厅、理发店等)、阅读区、美工区、表演区、建构区、益智区、科学区、沙水区等。

(2) 主题区域。主题背景下的活动区被定义为主题区域。教师会将主题目标和活动内容融入这些区域材料中,以引导幼儿通过自我活动来达成主题目标。

(3) 特色区域。特色区域主要体现在区域的独特性,也就是和别人的设计有完全区别的区域。比如在建筑区域里放置了本地专属的建设工具,或仅是自己园所研发和发掘出的建设器材,执行的是具备特殊性的建造任务,就可以视为一种特别的领域。

(4) 重点区域。依据儿童生理与心理成长的需求,每个年度、季度、月度以及周都可以设定针对特定目的的核心领域。首先,各个年龄的班级可以设立各自独特的核心领域,例如在小班阶段培养幼儿独立处理事物的能力,主要集中在生活实践区域;在中班阶段发展幼儿的动手能力,着重关注美术创作区域;对于喜爱探究的大班幼儿,则应该聚焦在科技研究区域。其次,每个学期也需要设置特定的核心区域,因为幼儿的发展速度很快,前后学期可能就存在显著差异,因此对核心区域的定位也需要进行相应的调整。最后,每个月可以针对性地展开各类主题活动,这样能让教师专注于某个特定区域来引导并组织幼儿学习,而其余的幼儿可以在其他区域自由玩耍,之后再进行更换。这样一来,教师可以更深入全面地了解幼儿的情况,从而快速识别出潜在问题并采取相应的解决措施,充分发挥这些关键区域的教育价值。

根据园本研究的需要,设计重点区域,如山东利津县某幼儿园活动场地大,适合进行户外游戏,那么就会以运动区域作为设计重点。

(5) 新兴区域。《指南》里强调了协助儿童掌握适当的情感表达和控制技巧的重要性。就像成人一样,幼儿也可能会感到沮丧或疲惫,也需要空间来冷静或休息;当他们伤心时需要被拥抱并给予关爱;当他们有压力时也需要空间来释放。为了回应公众对儿童精神健康的重视和需求，越来越多的幼儿园开始设立专门的心灵调适空间，比如私人角落、宁静地带和休憩场所等，以满足孩子独处的需求；此外，还有一些地方提供给他们释放压力的空间，比如发泄室或情感角落，这样当幼儿感到沮丧时，可以在此通过身体活动来缓解心情，从而达到内心和谐与自我调节的目的。也有观点认为这样会引发幼儿的暴力倾向，部分心理调节区仍存在争议。

3．主题区域与常规区域的关系

（1）两者的区别主要表现在：主题区域围绕主题目标、主题内容进行设计与实施，常规区域指向幼儿一般性发展（不指向主题）；主题区域根据主题发展与变化进行调整，常规区域根据幼儿的发展进行调整。

（2）两者的联系主要表现在：它们都肩负着推动儿童自我学习、探索、发掘和完善的责任，是一种互惠共赢的关系。不是每个区域所创设的内容都要与主题契合，也应该有相当一部分是符合幼儿年龄特点、涉及面更丰富的常规活动区域。

（3）常规区域与主题区域可以相互转化。将常规区域与主题简单进行横向联系，可以实现常规区域向主题区域的转化，例如，可将建构区转化为"航天梦"主题下的"火箭制造区"。但是有些常规区域自身系统性较强，很难表现主题内容，如数学区，不能强行转化此类区域，应该随幼儿活动情况和一般性发展逐步调整。

通过主题区域材料的再利用，实现主题区域向常规区域的转化。当主题活动和教育的目标达成之后，必须从该区域退出，以便给下个主题区的启动腾出空间。我们可以通过重新使用这些资源来把这个主题区域转变为普通区域或者下一个主题区域，这样就能使这些区域物品在新环境里继续发挥作用，从而充分利用资源。例如，在大班"生活中的车辆"主题活动中，教师将主题区域"车辆制作间"内幼儿制作完成的出租车、公交车、消防车、救护车、警车、工程车等车辆投放到常规区域"表演区"（如"娃娃家"）中，引导幼儿进行角色扮演活动。

主题背景下的各类区域活动交叉而行，各自按照自己的目标有序运转，教师需要视具体情况，灵活开展。

主题教学活动要符合教学活动的常规性要求，主题背景下的区域活动要符合区域布置、材料投放、活动设计等常规性的要求。

参考文献

[1] 李子建，杨晓萍，殷洁. 幼儿园园本课程开发的理论与实践［M］. 北京：人民教育出版社，2009.

[2] 易连云. 重建"家园"——对当代我国学校德育教育与出路之"思"［C］. // 1999 年华东师范大学博士学位论文摘要. 上海：华东师范大学出版社，2003.

[3] 联合国教科文组织国际教育发展委员会. 学会生存：教育世界的今天和明天［M］. 北京：教育科学出版社，1996.

[4] 马克思. 经济学：哲学手稿"国民经济学批判，附最后一章：关于黑格尔哲学"［M］. 何思敬，译. 北京：人民出版社，1956.

[5] 马克思，恩格斯. 马克思恩格斯选集（第 1 卷）［M］. 中共中央马克思恩格斯列宁斯大林著作编译局编译. 2 版. 北京：人民出版社，1995.

[6] 马克思，恩格斯. 马克思恩格斯全集（第 46 卷）［M］. 中共中央马克思恩格斯列宁斯大林著作编译局，译. 北京：人民出版社，1972.

[7] 和学新. 主体性教学研究［M］. 兰州：甘肃教育出版社，2001.

[8] 韦禾. 世界基础教育改革的趋向与中国基础教育发展的选择——北京地区第 10 次"教育学博士论坛"述评［J］. 北京师范大学学报（人文社会科学版），1997（5）：87-92.

[9] 联合国教科文组织总部中文科. 联合国教科文组织丛书：教育：财富蕴藏其中［M］. 北京：教育科学出版社，1996.

[10] 保罗·库尔兹. 21 世纪的人道主义［M］. 肖峰，译. 北京：东方出版社，1998.

[11] 埃德加·莫兰. 迷失的范式：人性研究［M］. 陈一壮，译. 北京：北京大学出版社，1999.

[12] 袁贵仁. 马克思的人学思想［M］. 北京：北京师范大学出版社，1996.

[13] 梁漱溟. 人心与人生［M］. 上海：学林出版社，1984.

[14] 马克斯·舍勒. 人在宇宙中的地位［M］. 陈泽环，沈国庆，译. 上海：上海文化出版社，1989.

[15] 项贤明. 泛教育论：广义教育学的初步探索［M］. 太原：山西教育出版社，2000.

[16] 皮亚杰. 儿童的心理发展［M］. 傅统先，译. 济南：山东教育出版社，1982.

[17] 张春兴. 教育心理学：三化取向的理论与实践［M］. 杭州：浙江教育出版社，1998.

[18] 左仁侠，李其维. 皮亚杰发生认识论文选［M］. 上海：华东师范大学出版社，1991.

[19] 李威. 试论幼儿园科学教育过程的特点［J］. 林区教学，1999（4）：49.

[20] 张春兴. 现代心理学：现代人研究自身问题的科学［M］. 上海：上海人民出版社，

1994.

[21] 施良方.学习论：学习心理学的理论与原理［M］.北京：人民教育出版社，1994.

[22] 丹尼尔·戈尔曼.情感智商［M］.耿文秀，查波，译.上海：上海科学技术出版社，1997.

[23] 钟启泉，黄志成.美国教学论流派［M］.西安：陕西人民教育出版社，1993.

[24] 陈琦，刘儒德.当代教育心理学［M］.3版.北京：北京师范大学出版社，2019.

[25] 张斌贤，褚洪启.西方教育思想史［M］.成都：四川教育出版社，1994.

[26] 张人杰.国外教育社会学基本文选［M］.上海：华东师范大学出版社，1989.

[27] 刘放桐.现代西方哲学［M］.修订本.北京：人民出版社，1990.

[28] 鲁洁.教育社会学［M］.2版.北京：人民教育出版社，2001.

[29] 钱扑.教育社会学的理论与实践［M］.南宁：广西教育出版社，2001.

[30] 杨莹.教育机会均等［M］.台北：师大书苑有限公司，1995.

[31] 卢乐珍.关于"师幼互动"的认识［J］.早期教育，1999（4）：28-29.

[32] 项宗萍.从"六省市幼教机构教育评价研究"看我国幼教机构教育过程的问题与教育过程的评价取向［J］.学前教育研究，1995（2）：31-35.

[33] 李生兰.中澳幼儿园教师能力结构的比较［J］.幼儿教育，1994（5）：10-11.

[34] 虞永平.学前课程的多视角透视［M］.南京：江苏教育出版社，2006.

[35] 杨成铭.受教育权的促进和保护：国际标准与中国的实践［M］.北京：中国法制出版社，2004.

[36] 柏拉图.理想国（第一册）［M］.吴献书，译.北京：商务印书馆，1957.

[37] 日本筑波大学教育学研究会编.现代教育学基础（中文修订版）［M］.钟启泉，译.上海：上海教育出版社，2003.

[38] 冯晓霞.幼儿园课程［M］.北京：北京师范大学出版社，2001.

[39] 陈文华.幼儿园课程论［M］.北京：科学出版社，2011.

[40] 王春燕.幼儿园课程概论［M］.北京：高等教育出版社，2007.

[41] 赵海燕.学前教育民俗文化课程理论与实践［M］.北京：民族出版社，2013.

[42] 顾剑英.爱上民间艺术：民间艺术教育融入幼儿园课程建设的实践研究［M］.上海：上海社会科学院出版社，2012.

[43] 玛丽·霍曼，伯纳德班纳特，等.活动中的幼儿［M］.郝和平，周欣，译.北京：人民教育出版社，1995.

[44] 石筠弢.学前教育课程论［M］.北京：北京师范大学出版社，1999.

[45] 虞永平.学前课程价值论［M］.南京：江苏教育出版社，2002.

[46] 钟启泉，等.为了中华民族的复兴为了每位学生的发展［M］.上海：华东师范大学出版社，2001.

[47] 李瑾瑜，柳德玉，牛震乾.课程改革与教师角色转换［M］.北京：中国人事出版社，2003.

[48] 李方.课程与教学基本理论 [M].广州：广东高等教育出版社，2002.
[49] 周晓虹.现代社会心理学：多维视野中的社会行为研究 [M].上海：上海人民出版社，1997.
[50] 新课程实施过程中培训问题研究课题组.新课程与教师角色转变 [M].北京：教育科学出版社，2001.
[51] 钟启泉.新课程师资培训精要 [M].北京：北京大学出版社，2002.
[52] 朱家雄，黄瑾，李召存，等.幼儿园课程的理论与实践 [M].上海：华东师范大学出版社，2012.
[53] 江山野.简明国际教育百科全书：课程 [M].北京：教育科学出版社，1991.
[54] 玛格丽特·卡尔.另一种评价：学习故事 [M].周欣，等，译.北京：教育科学出版社，2016.
[55] 王坚红.学前教育评价 [M].北京：人民教育出版社，2010.
[56] 朱家雄.幼儿园主题式课程教师用书：小班（春季）[M].北京：教育科学出版社，2007.
[57] 丁亚红.民间游戏走进幼儿园 [M].保定：河北大学出版社，2014.
[58] 唐凯麟，刘铁芳.教师成长与师德修养 [M].北京：教育科学出版社，2007.
[59] 谭友坤.以职业幸福感促幼儿教师专业发展——自我实现的视角 [J].基础教育研究，2011（18）：52，54.
[60] 施良方.课程理论：课程的基础、原理与问题 [M].北京：教育科学出版社，1996.
[61] 白云霞.学校本位课程发展理论、模式 [M].台北：高等教育出版社，2003.
[62] 张嘉育.学校本位课程发展 [M].台北：师大书苑有限公司，1999.
[63] 陆有铨.躁动的百年：二十世纪的教育历程 [M].济南：山东教育出版社，1997.
[64] 韩骅.90年代美国多元文化教育的理论与实践述评 [J].比较教育研究，2000，22（6）：46-50.
[65] 侯莉敏.幼儿园课程与教学理论 [M].北京：高等教育出版社，2016.
[66] 汪丽.田野课程：架构与实施 [M].南京：南京师范大学出版社，2008.
[67] 陈福静.幼儿园主题活动的设计与实施策略 [M].北京：中国轻工业出版社，2016.
[68] 胡娟.幼儿园课程论 [M].2版.上海：复旦大学出版社，2021.
[69] 顾惠琴，王翔.小不点，大发现：幼儿园科学发现活动 [M].南京：南京师范大学出版社，2014.
[70] 林虹.小小书虫：幼儿园图书馆的建设与利用 [M].南京：南京师范大学出版社，2014.
[71] 秦红.中国娃：幼儿园民间文化活动（上）[M].南京：南京师范大学出版社，2014.
[72] 葛晓英.中国娃：幼儿园民间文化活动（下）[M].南京：南京师范大学出版社，2014.
[73] 刘令燕，潘美芳，张继忠.小小园丁：幼儿园种植活动 [M].南京：南京师范大学出版社，2014.

[74] 任婕, 吕亦枚. 小小农艺师: 幼儿园农艺活动 [M]. 南京: 南京师范大学出版社, 2017.

[75] 瞿英, 叶俊萍. 小小收藏家: 幼儿博物馆的建设与利用 [M]. 南京: 南京师范大学出版社, 2014.

[76] 王秀玲. 小小木工坊: 幼儿园木工坊的建设与利用 [M]. 南京: 南京师范大学出版社, 2016.

[77] 刘令燕, 潘美芳, 张继忠. 小小园丁: 幼儿园种植活动 [M]. 南京: 南京师范大学出版社, 2014.

[78] 孟瑾, 杨丽萍. 小小美食家: 幼儿园炊事活动 [M]. 南京: 南京师范大学出版社, 2014.

[79] 计彩娟, 王善琴. 小小饲养员: 幼儿园饲养活动 [M]. 南京: 南京师范大学出版社, 2014.

[80] 李微玉, 许晓蓉. 小小艺术家: 幼儿园表演活动 [M]. 南京: 南京师范大学出版社, 2014.

[81] 宁征. 书屋的故事: 幼儿图书馆建设与利用 [M]. 南京: 南京师范大学出版社, 2015.

[82] 沈群英. 幼儿园传统文化主题式课程研究 [M]. 上海: 上海交通大学出版社, 2019.

[83] 张阿赛. 幼儿园课程论 [M]. 北京: 中国社会出版社, 2022.

[84] 殷海燕. 新时期幼儿园教育教学工作研究 [M]. 长春: 吉林出版集团股份有限公司, 2023.

[85] 李小邕, 莫源秋. 新时期幼儿教师的角色与扮演 [M]. 南宁: 广西人民出版社, 2004.

[86] 李玉侠, 杨香香, 张焕荣. 幼儿园教育评价 [M]. 北京: 北京师范大学出版社, 2017.

[87] 樊娅娅. 多元文化视域下的民族声乐发展研究 [M]. 长春: 吉林人民出版社, 2021.

[88] 杨雪飞. 多元文化视域下的大学英语教学研究 [M]. 北京: 北京理工大学出版社, 2019.

[89] 邵小佩. 幼儿园课程与教学 [M]. 2版. 北京: 北京师范大学出版社, 2020.

[90] 王怀亮. 优秀传统文化与幼儿园教育的融合与实践 [J]. 科教文汇, 2019 (20): 148-149.

[91] 吴颖新. 幼儿教师的专业素养 [M]. 北京: 中国轻工业出版社, 2012.